読みなおす日本史

隼人の古代史

中村明蔵

吉川弘文館

目 次

はじめに……七

第一章 隼人前代の様相……九

一 海と火山に囲まれて……九
二 縄文と現代の背中合わせ……一三
三 南九州とヤマト王権……一六
四 南九州固有の地下式墓……二七
五 南海産貝の交易をめぐって……三六

第二章 クマソ、その実体は——虚構のなかの反逆者像……四〇

一 『記』・『紀』のクマソ像……四〇
二 『風土記』のなかのクマ・ソ……四五
三 クマソと襲国……五〇

四　クマソは実在したか……五六

第三章　「隼人」の呼称はどこからきたか……六三
一　ハヤトの呼称をめぐる諸説……六三
二　四神思想と「隼人」……六七
三　赤色に彩られたハヤト……七二

第四章　天武・持統朝とハヤト……七六
一　飛鳥に姿をあらわしたハヤト……七六
二　ハヤト勢力の分断と畿内移配……八〇
三　被征服民ハヤトの苦悩……八六

第五章　律令国家とハヤト二国の成立……八九
一　朝廷の覓国使を脅迫……八九
二　ハヤト支配の手先・大宰府……九三
三　薩摩・大隅両国の成立……九七
四　養老期ハヤトの大抗戦……一〇三

五　六年相替の朝貢……一〇九
第六章　天平期のハヤト支配……一一三
一　ハヤトは宮門を守ったのか……一一三
二　律令政治の浸透と班田の遅滞……一一七
三　「薩摩国正税帳」にみるハヤトの社会……一二六
四　ハヤト国の財政は下国以下……一三三
五　藤原広嗣の乱とハヤト……一三八
第七章　ハヤト国と南島世界……一四四
一　黒潮に乗ってくる南島人……一四四
二　『隋書』のなかの南島……一四九
三　南島支配の拠点・種子島……一五六
四　遣唐使船と南島路……一六三
五　薩摩半島と南島交易……一七一
第八章　転換期のハヤト……一七七

一　朝貢の停止と稲作の強制……一七七
二　初出土の木簡と条里痕跡……一八〇
三　火山と共生してきたハヤト……一八六
四　『延喜式』にみる大隅・薩摩……一九二
五　隼人司とその役割……一九九
第九章　日向神話とハヤト……二〇五
一　日向神話と天孫降臨……二〇五
二　海幸彦・山幸彦の物語……二〇九
三　ウガヤフキアエズ　三山陵……二一四
あとがき……二二〇
参考文献……二二三
隼人関係史年表……二二五
補　論……二三三
復刊に際して……二四〇

はじめに

ハヤト（隼人）は、古代南九州の住民であり、その名称は当時の中央政権側がつけたものである。そのハヤトは、しばしば蝦夷《えみし》と並称されて同一視されるが、歴史的に分析すると、類似点よりも異質な側面が多く見出される。

また、ハヤトとよばれた人びとも一類型としてたばねることはできず、七世紀後半の天武朝では、すでに大隅ハヤト・阿多ハヤトと大別されていたが、八世紀になると薩摩ハヤトなどの呼称もみられるように、多様である。

それらのハヤトの区分は、主に居住地域によるのであるが、その背景には生業や信仰などの差異がみられ、文化的にも一括することには問題がある。また、ハヤト以前にはクマソという種族がいたとも史書は記している。

かつて、ハヤトは東南アジア系あるいはインドネシア系と単純に論じた学説があり、かなり通用もしていた。これらの地域とは海で結ばれ、黒潮が北上していることもあって、習俗的に類似するものもかなりある。しかし、人類学・民族学・民俗学などの成果の上に立っての形質・社会・文化の各分野からの分析と、南九州の各地域のそれを、学問的視野から相互に積み重ねて発言したものは、いまだ不十分というのが現状である。

それでも、日本列島内におけるハヤト研究は、この数十年に確実に進捗した、と私はみている。その成果の概要を提示したのが本書である。

「薩摩隼人」の語は、古代ハヤトの血をひく勇猛な薩摩藩の武士の異称として、そのイメージを継承する男性像がいまでも人びとの念頭にある。しかし、その原像となった古代のハヤトは男・女ともに用いられた呼称で、住民一般を指す用語であった。さらには、古代ハヤトには特別な能力があると信じられていた。

中央政権は、そのハヤトの種々の能力に期待し、それを利用するために隼人司《はやひとのつかさ》という役所まで特設していた。天皇の即位の儀式などに、なぜハヤトがかかわったのか、またハヤトは国家にとってどのような存在であったのか。

これらのハヤトをめぐる諸問題について、ハヤトの語義と歴史的変遷の解明を試みながら、その実態を語ってみたいと思っている。

第一章　隼人前代の様相

一　海と火山に囲まれて

地図を広げて、南九州の一帯を見ると、三方を海に囲まれているようすが、すぐにわかる。東に太平洋、西に東シナ海、南にはその両大海の接線上の海面に薩南諸島・沖縄諸島などの、いわゆる南西諸島の島々が点々と浮かんでいる。それら島々の先に台湾島がひかえている。

いましばらくは南九州本土に視点をあてると、南からえぐるように入江状の鹿児島湾が北に入り込んでいる。その鹿児島湾の東側が大隅半島、西側が薩摩半島である。南海に二本足で立ったような両半島の姿からは、それほどの違いはなさそうであるが、それぞれにかなりの地域的性格の差異が見出される。歴史的背景を主として両半島がどのような差異を見せてきたかは、おいおい語ることにしたい。

つぎには、それぞれの半島の北につながる地域、両隣接地域は南九州のなかではやや内陸的な要素ももっている。といっても、海とのつながりも直接・間接に見出され、多様な側面をもつ地域である。

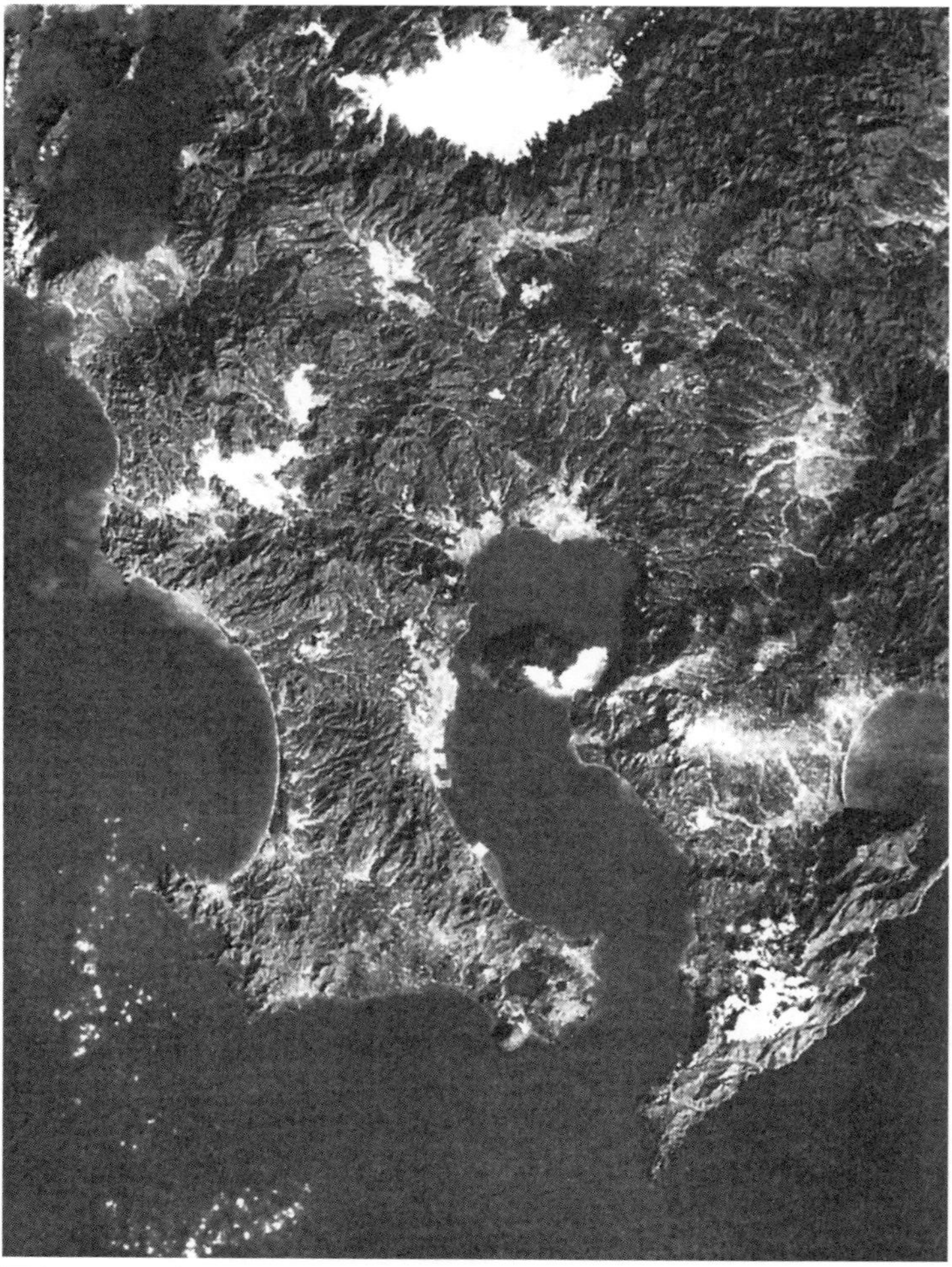

写真1　人工衛星からみた南九州（南日本新聞社提供）

いずれにしても、南九州は海との関係を無視しては語れない地域の集合体である。

その南九州には山も多い。山々に囲まれてわずかな平地が点在する、といったほうがわかりやすいであろう。その山の多くは火山とその噴出物が形成したものである。火山が各所に散在し、数万年前から現在にいたるまで、そのなかのいくつかが活動をつづけているのも南九州の特色である。

火山活動の主なものだけ、参考までに述べておきたい。まず、いまから約二万四〇〇〇年前（最近の精査によると、約二万九〇〇〇年前ともいう）、鹿児島湾奥のアイラ（姶良）カルデラが噴火した際の火砕流《かさいりゅう》が南九州を広くおおい、その残影がいまに一〇〇メートル前後のシラス台地として、各地に日常的に見られる風景になっている。そのアイラカルデラの一部で、いまも活動を続けているのが桜島らしい。

つぎに、いまから約七三〇〇年前に噴火したキカイ（鬼界）カルデラがある。薩摩半島の南海上、いまの硫黄島・竹島一帯の海底火山である。硫黄島の古名を「鬼界島」と称したところから、その名がつけられている。このキカイカルデラの噴火も大規模であったらしく、その火山灰は東北の仙台市付近まで達したというから、日本列島を広くおおっていることになる。赤みを帯びたアカホヤと呼ばれるその火山灰層は、列島各地で縄文時代早期と前期を画するカギ層として利用されている。

そのほかにも、薩摩半島南端部の池田湖（約五六〇〇～五七〇〇年前に噴火したカルデラ湖）・開聞岳《かいもん》、鹿児島湾奥の内陸部の霧島火山などがあり、さらに大・小の火山を数えあげると、南九州の火山は枚挙にいとまがないほどである。

まさに、海と火山に囲まれているのが南九州である。

二　縄文と現代の背中合わせ

山地・台地が多く、それらの間に平地がわずかに点在する南九州は、原始・古代にさかのぼると、その様相がさらに顕著であったらしい。

というのは、現在の海岸線に開ける低地の多くは、山地・台地の火山性土壌を長時間にわたって雨水などが海岸線ぞいに運んで形成されたもので、それ以前はなかったといわれているからである。

地形ばかりでなく、その地質も農耕には不適合であった。シラス層に代表される火山性土壌に広くおおわれた南九州の地質は、保水力が弱く水田には不向きで、また無機質で作物栽培に適さないという。

このような地形・地質の南九州にも稲作は早い時期に伝わっている。薩摩半島西岸の鹿児島県南さつま市金峰《きんぽう》町の高橋貝塚では、縄文時代晩期・弥生時代前期の層からその痕跡が見つかっている。また、最近では、鹿児島県に隣接する宮崎県 都城《みやこのじょう》市の坂元A遺跡から国内最古級の縄文時代晩期の水田跡が検出されたとのニュースも伝えられている。さらに、鹿児島県薩摩川内《せんだい》市の京田《きょうでん》遺跡では弥生時代の層（細分層位不明）から鋤《すき》・鍬《くわ》などの木製農具、高床倉庫の部材などが出土し、水田稲作の存在がほぼ認められている。

しかし、都城市の例は別にしても、鹿児島県内の弥生時代の遺跡は概して小規模で、その数も少ない。いわば点としての弥生時代の遺跡は存在するものの、それが一つのつながりの線となることはほとんどない。まして、面としては見出しがたい状況である。したがって、稲作をともなう弥生文化の伝播は早かったといえるが、それが広域に普及する風土ではなかったといえよう。

かつて私は、近代統計学の数値を利用して、畿内五国と南九州の大隅・薩摩二国の主要作物の反あたり収穫高の比較を試みたことがあった（拙著『古代隼人社会の構造と展開』第二章）。いまはそのうちの米だけについて記すと、明治前期になっても大隅・薩摩二国の収穫高の平均は畿内五国の平均の半分以下、約四七パーセントであった。この一例からしても、南九州が稲作の不適地であることは判然としていよう。

稲作の不適地ではあっても、南九州の人びとは、この地に住み、この地で食物を手に入れ、現在まで生きてきたのである。そこには、どのような生活があったのであろうか。

そこで見出されるのは、この地域の海と山と人びととの共生であろう。神話に登場する海幸・山幸の物語は、本書の最後にとりあげるが、この物語は、原話の改変以前には南九州根生《ねお》いの生活にもとづいての展開になっていたと思われる。端的にいえば、南九州の人びとの生活の基本には、時代を越えていつも縄文世界が息づいていたのであった。

時代区分の特異性

日本史の、ごく普通の原始・古代の時代区分は、縄文時代・弥生時代・古墳時代、そして古墳時代と一部重複しながら飛鳥《あすか》時代があり、さらに奈良時代・平安時代とつづく。ところが、南九州の場合は、縄文のつぎの弥生が見えたり見えなかったりであるから、つぎの時代の古墳形成もかなり違った様相がある。その点については後述しなければならない。また、それにつづく奈良時代以後も、他の地域の場合とは異なった推移を見せる。

一例をあげると、鹿児島県指宿《いぶすき》市の橋牟礼《はしむれ》川《がわ》遺跡は原始・古代各時代の遺物・遺構が検出された南九州を代表する遺跡であるが、全国的には、その九〇パーセント以上が縄文時代とされる貝塚形成が、ここでは平安時代にいたるまでも形成されていたことが確認されている。ついでに述べると、橋牟礼川遺跡では貝塚形成のいっぽうで、畑で穀物を栽培していたこともわかっている（第八章）。

また、霧島市国分《こくぶ》の上野原遺跡（国指定史跡）は、標高二四〇メートルの台地上に営まれた縄文時代各期の様相のわかる遺跡であるが、ここでは遺跡発掘前まで現代の畑作が行なわれていた。

南九州の山地・台地は縄文時代人の生活の場であったが、そこはまた、以後の時代の人びとの耕作の場として利用された場合も少なくない。山地・台地は焼畑・切替畑となり、一部は常畑《じょうばた》化され、畑地として定着するようになる。

写真 2　上野原遺跡（鹿児島県霧島市国分）に復元された竪穴住居

近世までの南九州

江戸時代、天明三年（一七八三）に南九州を旅した備中《びっちゅう》（岡山県）の薬種商古河《ふるかわ》古《こ》松軒《しょうけん》は、その著書『西遊雑記』のなかで、薩摩について「国中八分は山にて、其山なり押ひしぎしやうに山の頂平なる故に、それをひらきて畑となし雑穀を作る」と記している。また、独創的歴史地理学者は、シラス台地の三大作物として、さつまいも・大豆・なたねの三種をあげ、これらの栄養素食物にすることによって、江戸時代以後の南九州の住民は生活できたと述べている（桐野利彦『鹿児島県の歴史地理学的研究』）。

江戸時代以前はどうであろうか。いまだ、さつまいもは移入、栽培されていなかったので、おそらくは、さといも系のいも類と雑穀が主食ではなかったかと考えられる。いずれも畑作を主としていたのであろう。

鹿児島県の耕地状況をみると、現在でも耕地の三分の二は畑地である。これも、江戸時代以後の各地の新田開発を経た結果によることを考慮すると、かつての田地は狭小な面積であったと推測されよう。

南九州では、縄文時代以来、いやそれ以前の旧石器時代（現在までのところ、種子島立切《たちきり》遺跡の約三万年前の例を最古としている）から、山地と台地が生活の場であり、いまもそこから食物を得る生活が基本となっている。

そのような生活を維持できたのは、暖かい気候と豊かな降水量である。太陽と水に恵まれた南九州には、もう一つ、三方を囲んでいる海がある。南九州の長い歴史のなかで、このような環境・風土がどのようにかかわってきたかを、さらに語らねばならない。

三　南九州とヤマト王権

周辺部に散在する高塚古墳

古墳時代は五世紀を中心として、その前後にまたがる。この時期の南九州の様相をヤマト王権とのかかわりでみておきたい。

ヤマト王権との関係では、南九州東部の大隅側と、西部の薩摩側では格差があるようである。大隅側を代表する豪族は、まずその地名「大隅」を冠していた大隅直《あたい》一族であったとみられる。志布志《しぶし》湾に河口をもつ肝属《きもつき》川の下流域がその本拠地とみられるが、その流域を広く勢力圏にしていたのであろう。肝属川下流域一帯には前方後円墳・円墳などがかなりの密度で分布するが、なかでも唐《とう》仁《じん》大塚・横瀬の両前方後円墳がその代表例である。いずれも五世紀代の築造で、前者は全長一八〇メートル、後者は全長一六五メートルとされている。

この地域にこのような大型前方後円墳が分布する背景には、瀬戸内海を介してヤマト王権の影響下におかれた日向地域との結びつきがあったとみられる。その日向では、宮崎平野に四世紀代に生目《いきめ》古墳群が築造されていた。現在、宮崎市に河口をもつ大淀川水系の下流域に位置する生目古墳は一号・三号の両前方後円墳がその代表で、全長一二五メートル、あるいは一四〇メートルなど、同じ時期の大和の柳本《やなぎもと》・佐紀《さき》両古墳群の代表例と比しても、その規模において肩を並べるものであった（『宮崎県史』ほか）。

南九州西部の薩摩側はどうであろうか。薩摩北西部海岸寄りの長島（天草諸島南端）とその対岸部の阿久根《あくね》市一帯に高塚古墳の築造がみられる。その大半は封土の原形状態が確認しにくいものであるから、正確な墳形は知ることはできないが、石室の状況や一部の副葬品から時期を推定すると、ほぼつぎのようである。

写真3　長島（鹿児島県出水郡）の小浜崎古墳群中の一石室

まず、四世紀前半に築造されたとみられる鳥《と》越《ごえ》古墳がある（一号墳。阿久根市所在で副葬品はほとんどなし。移設）。細長い竪穴式石室の主軸は約四・五メートルで当代のものとしては大きく、割竹型木棺の埋葬痕が認められた。大隅・薩摩両地域を通じて最古の高塚古墳である。阿久根市には、ほかに脇本古墳群がある。また、長島には白金崎《しらかねざき》・鬼塚古墳に代表される小浜崎《おばまざき》古墳群をはじめ、いくつかの古墳群があるが、それらの多くは島の西岸ぞいである。その大半は六世紀代の築造とみられている。

薩摩北西部の、このような高塚古墳の分布は、巨視的には肥後西部の八代《やつしろ》海をめぐる周辺部に勢力を扶植していた諸豪族の南下を示すものであろう。その南辺に長島は立地しており、一部は対岸の本土側にも進出したようである。八代

図1　南九州における高塚古墳・地下式板石積石室墓・地下式横穴墓・土壙墓の分布（『鹿児島県の歴史』山川出版社を参考にして，改作）

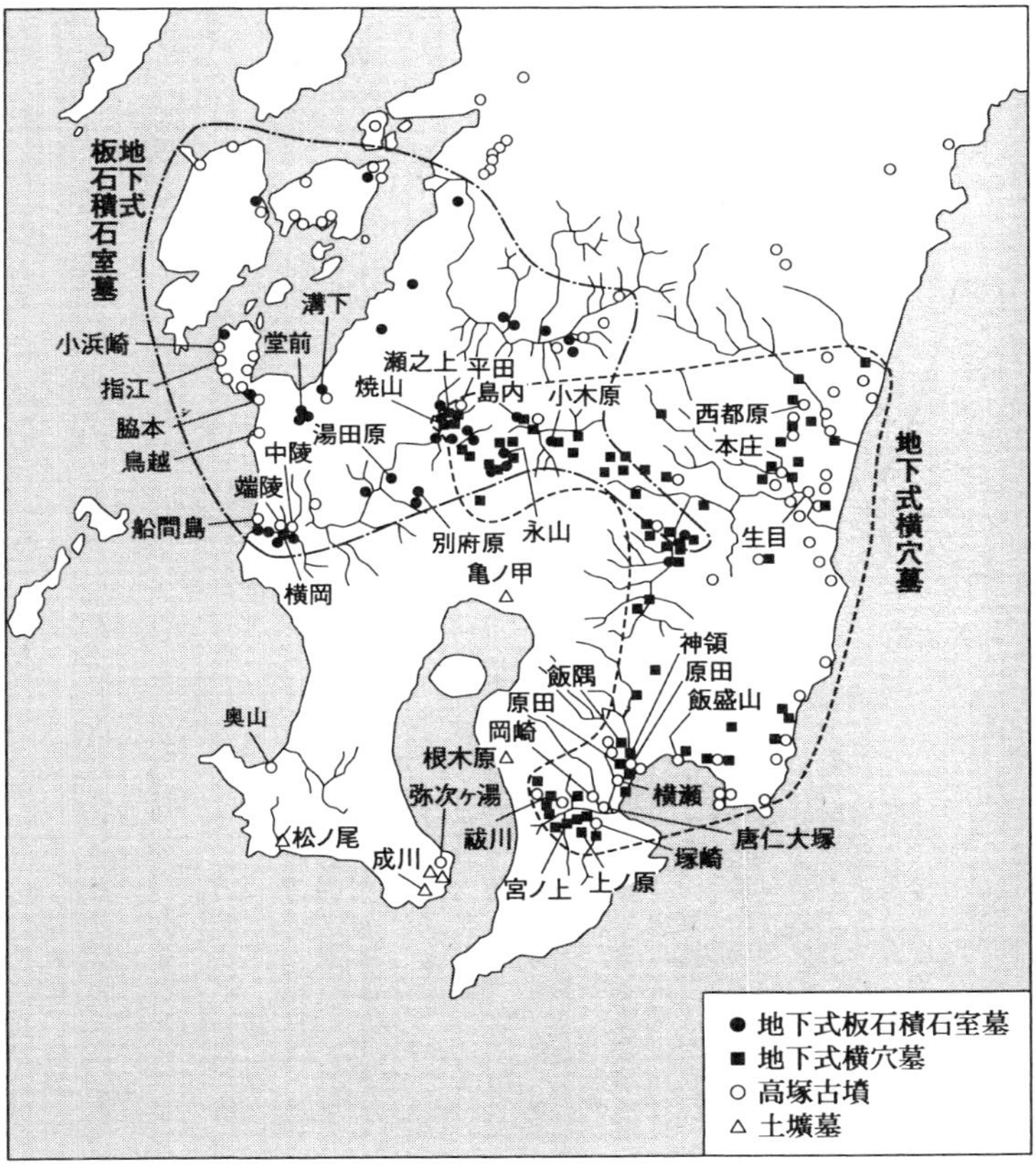

海周辺部では宇土《うと》半島基部に四世紀代前半の前方後円墳が分布しており、九州でも早い時期の築造とされている。城ノ越《じょうこし》・弁天山両古墳はその代表例である。現在では鹿児島県に属している長島が、中世以前は肥後国の所属になっていたことからみても、薩摩北西部は肥後とのつながりが濃厚である。それは古代の文献記録を通じてもいえることである（後述）。

薩摩の中央部は川内川が貫流するが、その下流域にも高塚古墳が分布する。河口近くの船間島《ふなまじま》古墳は径一七メートルの円墳で、墳丘上に竪穴式石室があり、平石を小口積《こぐちづみ》の手法で築いた構造で、壁面の一部には朱が塗られている。ほぼ五世紀代以前の築造とみられている。

川内川下流域では市街地に近い所に立地する中陵《なかのりょう》・端陵《はしのりょう》（いずれも新田《にった》神社の背後、西寄りの小丘）も古墳だとされている。しかし、いまだ精査されていないため、墳形や築造時期などについては推測の域を出ない。

以上が、南九州の高塚古墳分布の概観であるが、このようにみてくると、南九州の中央部、鹿児島湾沿岸部一帯に高塚古墳がほとんど存在しない様相が判然としてくるであろう。ところが近年になって、薩摩半島南端、湾岸ぞいの指宿市で円墳が検出され話題をよんでいる。弥次ヶ湯《やじゆ》古墳と名づけられたこの古墳は径約一八メートル（周溝を含めると径約二二メートル）の円墳で六世紀から七世紀前半の築造とみられている。団地建て替え事業にともなう調査のため、一部未検出ではあるが、日本列島における高塚古墳の新しい南限を示すことになった。

ところで、長島の場合を別にすれば、薩摩側におけるこのような高塚古墳の分布を、大隅側のそれと比べると、その集中度・規模においてかなりの格差がある。そこには、概して薩摩側の豪族層のあり方が、その勢力と歴史的背景において、大隅側の場合とは異なり、その勢力基盤の稀薄さに求められるように思われる。

日向勢力との結びつき

古墳の分布からみた両地域のこのような状況は、文献上においてはどのように見出されるのであろうか。

まず、大隅側からみると、その背後にある日向の諸県君《もろかたのきみ》一族の動向が注目されよう。諸県は、日向のなかでも大隅と隣接する地域であり、かつ広域にわたっている。その諸県君について『日本書紀』の応神天皇一三年九月条につぎのような記述がある。この二年前（応神一一年）に天皇は日向の諸県君牛諸井《うしもろい》の娘、髪長媛《かみながひめ》が「國色之秀者」（国のなかでもっとも美しい人）と聞いて、召すことにした。二年後にそれは実現して、髪長媛が宮廷にやってくると、天皇の子大鷦鷯尊《おおさざきのみこと》（のちの仁徳天皇）が媛を見初《みそ》めてしまった。そこで天皇は、子の妃として認めることにした。

この記述を、しいて実年代にあてはめると、四世紀末から五世紀の初めごろのことであろう。天皇と地方豪族の娘との結婚は、畿内かその周辺部を別にすれば、この時期にはその例は少ない。ところが、応神天皇自身もすでに日向泉長媛《いずみながひめ》を妃の一人にしているので、父子二代にわたって日向から妃を迎えていることになる。さらには、大鷦鷯尊と髪長媛との間に生まれた幡梭《はたび》皇女は、のちに雄略天皇の妃にもなっている。

このような数代にわたる婚姻関係が伝えられる背景には、ヤマト王権と諸県君に代表される日向の諸豪族との同盟関係が推測されよう。

のちの律令制下では地方の郡司が、その姉妹や娘を貢進して、かの女たちが天皇に近侍し奉仕する采女《うねめ》の制度がある。その前身的形態がここに見出される。したがって、このような同盟関係は、ヤマト王権と日向の諸豪族との服属関係がその前提にあって成立していたとみられる。

そのいっぽうで、諸県君一族は大隅の有力勢力と結び、五世紀代に入ると志布志湾北岸のダグリ岬に飯盛山《いいもりやま》古墳（鹿児島県志布志市。前方後円墳であったが破壊された）が出現し、ついで神領《じんりょう》古墳群や、先述の唐仁大塚・横瀬両大型前方後円墳に代表される諸古墳が築造されるようになったとみられる。

これら大隅の諸古墳群を築造した諸豪族の代表格は大隅直《あたい》一族であろう。「直」の姓《かばね》は「君」姓よりも王権への従属度が強いといわれている。南九州の豪族の姓の大半は「君」であるが、それらのなかにあって、大隅氏が「直」姓を賜っているのは、大型古墳の築造とあいまって、ヤマト王権との関係を示唆するものであろう。ヤマト王権と大隅直一族とのこのような関係の形成には、諸県君一族が介在していたとみると、理解しやすいように思われる。

独立性の強い贈於君

つぎに、鹿児島湾奥部の沿岸一帯から内陸部にかけては贈於《そお》（曾《そ》）君一族が盤踞していた。「贈於」の地名は、「曾」「襲」などとも表記され、次章でとりあげるクマソ（熊曾・熊襲）の居住地とされている「襲国」にも通じる。贈於（郡名）の地名は近代になって志布志湾沿岸部にまで拡大したため、しばしば混同されるが、本来は旧国分市・旧姶良《あいら》郡隼人町・同福山町・同霧島町を主としていた。贈於君が文献にみえるようになるのは八世紀以降を主にしている。一族のうちには親政権的動きをとる者も出てくるが、概して反政権的である。養老期の隼人の大抗戦もこの一族が主体であろう。反政権的性格は七世紀以前からと推測されるもので、ヤマト王権に対しても容易に従属する姿勢はとらなかったようである。

このような長期にわたる姿勢がクマソの原像にも反映しているとみられる。贈於君勢力圏に高塚古墳がほとんど築造されていないことも、反ヤマト王権的性格をよく示している。その点では、大隅直一族とは対照的である。

薩摩の諸勢力

いっぽう、薩摩側の諸豪族の様相は文献にどのように記されているのであろうか。

まず、肥後の豪族肥君《ひのきみ》（火君）一族などが薩摩北西部に勢力を伸張させていたことは、長島を中心に高塚古墳が分布することと関連しているとみられるが、それに対応するように、八世紀前半の天平期に薩摩北西端に立地する出水《いずみ》郡の大領《だいりょう》（郡の長官）に肥君の名がみえる（「薩摩国正税帳」）。また、少領（次官）以下にも肥後系の氏族の名が記されてもいる。

大領・少領などの郡司は在地性・世襲性を要件とするところからすると、かれらはそれ以前からこの地域に根をおろしていたことが推察されるので、おそらく七世紀までにはその勢力をこの地域に定着させていたものとみてよいであろう。

薩摩の中心部、川内川下流域には薩麻君《さつまのきみ》一族が盤踞していたが、この一族の七世紀以前の様相は、文献ではほとんど知ることができない。わずかに、一族とかかわりがあるとみられる巫女《ふじょ》（みこ）集団が七世紀最末期に覓国使《べつこくし》を剽劫《ひょうきょう》したとして決罰された記事が見える（『続日本紀《しょくにほんぎ》』）。この事件については第五章でとりあげるが、一族がこの時期にいたるまで、地域性のある呪術宗教を奉持していたとの指摘はできるように思う。

薩摩南部の半島西岸に河口をもつ万之瀬《まのせ》川流域には阿多君《あたのきみ》一族が勢力を張っていた。この一族は日向神話にも登場して、その祖はホデリノミコト、すなわち海幸彦とされているように、海とのかかわりが濃厚にみられる。そのいっぽうで、陸上における活動の痕跡は稀薄で、高塚古墳などの分布は稀である。

ところが、海洋的活動の歴史は古くさかのぼり、早くから南海産の大型貝の移入とその加工、さらに移出するというように、海洋を介しての交易の拠点として注目される地域である（本章五節）。その点では、海幸彦の原郷にふさわしいといえよう。

近習隼人

南九州を大別して、大隅側・薩摩側の諸豪族の分布とそれぞれの性格をみてくると、七世紀以前を主とした各豪族のヤマト王権とのかかわりには差異が認められる。とりわけ、大隅直一族の親ヤマト王権的性格が指摘できる。

ところで、『古事記』『日本書紀』には、畿内の王権とその周辺の人物に近侍する「隼人」が、しばしば描かれている。五世紀と推定される時期のころからである。両書に共通する記事内容の場合と、『日本書紀』だけにみられる場合があるが、いまは『日本書紀』を主にして、そのような「隼人」の姿を紹介しておきたい。

五世紀に実在したとみられる履中《りちゆう》天皇（大王）の弟、住吉仲《すみのえのなかつ》皇子に「近習《きんじゆ》隼人」の刺領巾《さしひれ》が仕えていたという。近習とは、「近く習《つか》えまつる」の意であり、主君の側近くに仕えて身辺の諸用をつとめる役の者である。刺領巾は主君の兄弟の皇子たちの争いの渦中に巻き込まれ、だまされて主君の住吉仲皇子をついには殺すことになるが、つぎには主殺しの不忠の罪によって自らも命を断たれている。

このほかに、同じ五世紀末の雄略天皇を陵墓に葬ったときの話がある。このとき「隼人」が「昼夜陵の側で哀号」した。人びとが食物を与えても食べず、七日後には死んだ。そこで、墓を陵の北に造って礼をつくして埋葬した、というのである。哀号は「オラブ」と訓《よ》ませているが、泣き叫ぶ意の古語で、いまも南九州では耳にすることばである。このハヤトは雄略天皇の近習であったとみられ、主君の死の悲しみをオラビ続けたことでも、天皇のごく身近に仕えていたことを想像させる。

また、敏達《びだつ》天皇の葬儀にともなう殯宮《もがりのみや》を兵衛《ひようえ》として守護した「隼人」の話もある。前二話よりは時代がくだって六世紀末ごろのことになろう。

このような話に出てくるハヤトと、南九州とはいったいどのように結びつけられるのであろうか。畿内のヤマト王権からすると、南九州ははるかなる遠隔地である。そのような地域の住民であるハヤトを宮廷によびよせ、しかも天皇（大王）あるいはその皇子の身辺に仕えさせるというのは、両者の間によほどの信頼関係がなければできないことである。

このような信頼関係の存在を考えると、そこに日向の諸県君が介在していたことに思いおよぶ。諸県君の娘はすでに履中の父仁徳天皇の妃になっていた。また祖父の応神天皇の妃も日向から召し入れられていた。さらに、仁徳と妃との間に生まれた女性は、雄略天皇の妃にもなっているという、四世紀末から五世紀にかけての王権と日向との重層する大王家の系譜が構築されていた（前述）。

古代日向を代表する諸県君が、その勢力圏に隣接する大隅直と親近関係にあったことは、すでに述べたところであるが、大隅氏が王権への従属度の高い直姓をもち、その勢力圏に大型前方後円墳を築造していることを考え合わせると、五～六世紀にヤマト王権の中枢・周辺に近侍する「隼人」は、大隅直一族から召し出されて仕えていたとみてよいであろう。その「隼人」は、後代の「兵衛」にも類似しているところから、敏達天皇の殯宮を守るハヤトを、ときに兵衛とも記したことが想定できる。

ちなみに律令制下の兵衛は、少領以上の郡司の子弟、または内六位以下、八位以上の者の嫡子で二一歳以上から選ばれて兵衛府に属し、宮門の警備や行幸の供奉《ぐぶ》をつとめた。

しかしいま、諸県君が皇妃を出し、大隅直が近習を出すようなあり方をみると、律令制下の郡司が采女や舎人《とねり》を出す対照的貢献にも通じるところがある。といっても、采女は後宮の下級女官であり、舎人は一部を除くと軍事的任務をもつ下級官人が主体であって、その性格には異なるものがある。

なお、「隼人」の呼称は七世紀後半の天武朝のころからの用語であり（第三章）、五～六世紀の時期のこととして、『古事記』『日本書紀』に用いているのは、両書編纂時の遡及的文飾である。したがって、これらの「隼人」は、南九州の住民というほどの意で用いられているとみてよい。

四　南九州固有の地下式墓

前節で南九州に分布する高塚古墳の概要を述べて、それらと諸豪族やヤマト王権との関係について考えてみた。

ところが、南九州には同じ古墳時代に、この地域固有の地下式板石積石室墓《いたいしづみ》・地下式横穴墓があり、ほかに土壙墓《どこう》がある。これら固有の墓制は高塚古墳の影響を受けたとみられるものが一部にはあるが、その構造と分布において独自性をみせる例も少なくない。その点では在地的であり、特異な死後観念の存在を示している。

板石積石室墓

地下式板石積石室墓（石廓墓の称もある）は、地表面下約二メートル前後の所に、床面が円形または方形の石室が造られる。床面の周囲に一辺数十センチほどの板石が立てられている。その径は二メートル近いものもわずかにあるが、一般的には一～一・五メートルほどである。したがって、そこに遺体を安置するとなると、屈葬の場合が多くなる。その上を数十枚の板石で持ち送り式におおう。上から見ると、中央部が高くなった亀甲状である。その上部の地表面は平坦で、現在では畑地などに利用されている。また、数基から一〇〇基以上で群在することが少なくないが、概してその発見は地表面の様相からは困難だとされている。しかし、一部には封土をともなうものもあり、この墓制が築造当初から地表面に封土などの標識が存在しなかったか、という点には疑問がある。

地下式板石積石室墓は、南九州のほぼ西側、川内川《せんだい》流域の中・上流域にもっとも多く分布し、北は球磨《くま》川流域の一部や八代海沿岸部にもみられるが、川内川流域より南にはほとんど分布していない。また、この墓制は四世紀後半から七世紀後半にわたって築造されているが、その時期は地域によっても差があるものの、高塚古墳の分布との重なりはほとんどない。しかし、後述の地下式横穴墓の分布との重複が川内川上流域の伊佐市大口（鹿児島県）・えびの市（宮崎県）ではめずらしくない。

地下式板石積石室墓を南九州固有の墓制とすることには問題がないこともない。というのは、この墓制の古式を示すとされるものが五島列島で発見されているからである。となると、朝鮮半島・北部九州の支石墓や箱式石棺などの弥生時代の墓制ともつながることも一応は考えられることになろう。

地下式横穴墓

つぎに、地下式横穴墓について概略しておきたい。数基から数百基規模で群在するこの墓制も、地表には標識がないのが一般的で発見しにくい。構造は地表面から一〜一・五メートルぐらい垂直に竪《たて》坑を掘り下げ、さらに横に向かってほぼ水平に掘り広げて遺体を安置する床面を造っている。水平部分には通路（羨道《せんどう》）もわずかにあるので、内奥部（玄室《げんしつ》）とは区別できる場合も多い。通路と内奥部の間は、粘土塊・石塊などで閉塞されているので、竪坑部に蓋《ふた》石がない場合は土砂の流入がみられるが、内奥部は概して空洞である。

内奥部の玄室は、伸展葬を可能にする広さをもち、横に広がるもの（平入り）・縦に長いもの（妻入《つまい》り）など、また天井部がアーチ型のもの・屋根型のものなど、多様である。これらは地域による差異、時代による差異とみられているものの、その細部については説が分かれている。

地下式横穴墓の分布は、南九州でも東側から南東側に連なっており、北は宮崎県の一ツ瀬《ひとせ》川流域をほぼ北限としていたが（西都原《さいとばる》古墳群）、最近では、さらに北側の小丸《おまる》川水系（高鍋町）での発見例もある。また、大淀《おおよど》川流域から鹿児島県の志布志湾沿岸部にわたっている。いっぽう内陸部では川内川上流域に見られ、先述のように、えびの市・伊佐市大口付近では地下式板石積石室墓の分布と重複している。

この墓制は五〜六世紀に築造の盛期があるが、地域によっては八世紀の例もあり、板石積石室墓より、始期・終期において遅れる傾向がある。また、その分布は、内陸部を除いては高塚古墳と重複しており、とりわけ、その構造には高塚古墳の横穴式石室の影響が指摘されている。高塚古墳との共通点では甲冑《かっちゅう》・刀剣類などを中心に豊富な副葬品が見られる例があることと、複数葬・追葬がしばしば報告されていることである。

土壙墓

南九州には、このほかに薩摩半島の南端部を中心に分布する土壙墓がある。地下に穴を掘って直接死体を埋葬したもので、代表的遺跡例の指宿《いぶすき》市山川町の成川《なりかわ》遺跡では二回にわたる調査で約三五〇体の人骨が出土した。女性人骨には屈葬例が見られ、遺跡主体部は四〜六世紀の築造とみられている。遺物には鉄製武器が多く、長剣・短剣・大刀・小刀などが七〇点近く、鏃《やじり》が約一六〇点あり、戦闘集団ではないかとの推測もされている。また、枕崎市松ノ尾遺跡からは土壙墓とともに南島産の貝、ゴホウラ製貝輪が出土し、その形状の変化のようすがのちの古墳時代前期の鍬形石《くわがたいし》にきわめて類似することから、その祖型とみられている。なお、南海産の貝の交易については次節でとりあげることにしたい。

土壙墓は、薩摩半島南端部以外でも数ヵ所見つかっているが、鹿児島湾奥部の霧島市国分の亀ノ甲《かめのこう》遺跡は三累環頭大刀《さんるいかんとう》や宝珠鍔付大刀《ほうじゆつばつき》が出土したことで注目してよい。前者は朝鮮半島南部の五〜六世紀の古墳から出土するもので、九州では北部で三例ほど見つかっているが、いずれも渡来品と考えられている。朝鮮半島から舶載《はくさい》されたものが、伝世されてこの地域に持ち込まれ、八世紀になって埋納された（一説）とすると、大隅国府成立時の豊前《ぶぜん》からの移民との関係が推測されるので興味深い（第五章で後述）。

両地下式墓の問題点

南九州の両地下式墓をめぐっては、いくつかの問題点が提起できそうである。

まず、なぜ地下に遺体を埋納したのかという問題がある。同じ古墳時代の他の地域の古墳は、地上に埋納施設としての石室などが造られるのが普通である。そのいっぽうで、『古事記』『日本書紀』に描かれた神話のなかでは、死者の世界は地下の黄泉国《よみのくに》という考え方がある。

南九州の両墓制では、現実と神話世界はほぼ符合しており、その点では他の地域の高塚古墳などの埋納法との間に相違が認められる。その相違は神話で語られる時期との差異であろうか。それとも、高塚古墳の築造が一部の首長層に限定されることによるのか、あるいは、地域的格差なのか、そこには検討されるべき問題があろう。

このような死後の世界観に関連して考えるときに、薩摩半島西岸部では高塚古墳も地下式墓もほとんど見出されないことも、また看過できない問題であろう。この地域には海洋性が濃厚に見出されることは、すでに指摘した通りである。そのことからすれば、死後の海上他界観があったことも推察できよう。

つぎには、南九州の両地下式墓には本来封土はなかったのであろうか。この問いについては、私は否定的な考えをもっている。両地下式墓とも、地下に労力をかけて埋納施設を造り、遺体を安置することにおいては共通しており、死者を丁重に弔う態度が示されている。その埋納施設の地表に何らかの標識が造り出されることは必然であろう。その場合、地下から掘り出した土で地表をおおい盛土とすることは、ごく自然である。したがって本来、封土はあったとみる。封土のほかにも標識があった可能性もあろう。

しかし、時間の経過とともに墓域は忘れられ、封土が流出したり、削平されて畑地などに利用されたため、結果的には、地下施設のみが残存することになった、と考えている。後述する宮崎県の西都原四号地下式横穴墓は特例としても、鹿児島県さつま町鶴田の湯田原《ゆだばる》古墳とよばれている地下式板石積石室墓などには、明らかに封土まで残っていた例がある。

南九州の両地下式墓は類型として二大別されるものの、個々においては、その構造・副葬品、そして規模において多様である。それらは首長墓として勢力の優劣を表象しているとばかりはいえないであろう。ときに、数百基規模で群集することすらあり、そのいっぽうで、副葬品がほとんど検出されない場合もある。

となると、首長層の墓制とは限定できず、それより下の層の人びとまで含む墓制として考えてみる必要もある。それはまた、南九州内部のそれぞれの地域格差の状況を反映するものでもあろう。また、なかには階層の分化が顕著には見られない場合があるように思われる。

つぎに、南九州固有の地域性をもつ両地下式墓は、当然ながら在地勢力の存在を具体的に示す構築物である。それらの諸勢力とヤマト王権はどのように接触し、かかわり、さらには同盟関係・服属関係を形成したのであろうか。その過程が、何らかの形で地下式墓に反映されていないのだろうか。

その象徴的例として西都原古墳群のなかの四号地下式横穴墓がある。西都原古墳群には前方後円墳三二基、円墳二七八基、方墳一基、地下式横穴墓一〇基、横穴墓一二基の計三三三基が存在するという（『宮崎県の歴史』など）。ほぼ四～七世紀前半期の間の築造とされている。ヤマト王権の勢力波及を示す高塚古墳だけで三〇〇基を越す例は、全国的にみても少ない。なかでも女狭穂塚《めさほ》（全長一七六メートル）・男狭穂塚《おさほ》（全長一四八メートル）などをはじめとする九州最大級規模の前方後円墳の存在は、ヤマト王権との関係が密なものであったことを示している。

そのような古墳群のなかにあって、在地的要素を残存させている四号地下式横穴墓は、かなり特異な様相を見せている。

五世紀後半の築造とされるこの地下式墓は、いうまでもなく地下に玄室をもちながら、その上部には墳丘をも築くという、畿内的要素をも併せもつことで、まず注目される。その墳丘は径約二九メートルあり、十分に目立つ。また、地下の玄室は長さ五・五メートル、幅二・二メートル、高さ一・六メートルでかなり大きい。私はかつてこの玄室に入って、その広さに目を見張った経験がある（いまは立ち入りできない）。

副葬品もまた豊富であった。横矧板鋲留短甲《よこはぎいたびょうどめたんこう》二、横矧板革綴短甲《かわとじ》一、直刀五、鉄鏃四〇などの武具・武器類をはじめ、珠文鏡一、勾玉《まがたま》一、管玉《くだたま》二七、ガラス製丸玉一一五、同小玉六四などの装飾品、さらに歩揺付金具《ほようつき》などが出土している。

これらの副葬品からみても、並の首長墓ではない。背後にヤマト王権の存在が顕著にうかがえる豪華な内容である。高塚古墳を装いながら、実態は地下式墓という、その形態とともに、これらの副葬品を吟味すると、被葬者のヤマト王権への傾斜が明らかであろう。

地下式横穴墓は、もともと高塚古墳の横穴式石室の構造に影響されて築造されたとする説が有力である。そのような指摘からすると、地下式横穴墓の分布圏は、ヤマト王権との結びつきが、より強い地域であったともいえよう。その点では、同じ地下式である板石積石室分布圏とは異なる要素が見出されるようである。

両地下式墓が共在する川内川上流域では、鹿児島県側では湧水町《ゆうすい》吉松の永山古墳群（約一〇〇基）のなかの一〇号墳のように、円形の板石積石室をもちながら周溝がめぐっていた例がある。円形周溝の内径約六・六メートル、溝の幅約五〇センチで、周溝内には壺形土器九個が供献されていた。一部

図2　両地下式墓の模式図（一類型）
（鹿児島県歴史資料センター黎明館発行図録『南九州の墳墓』より改作）

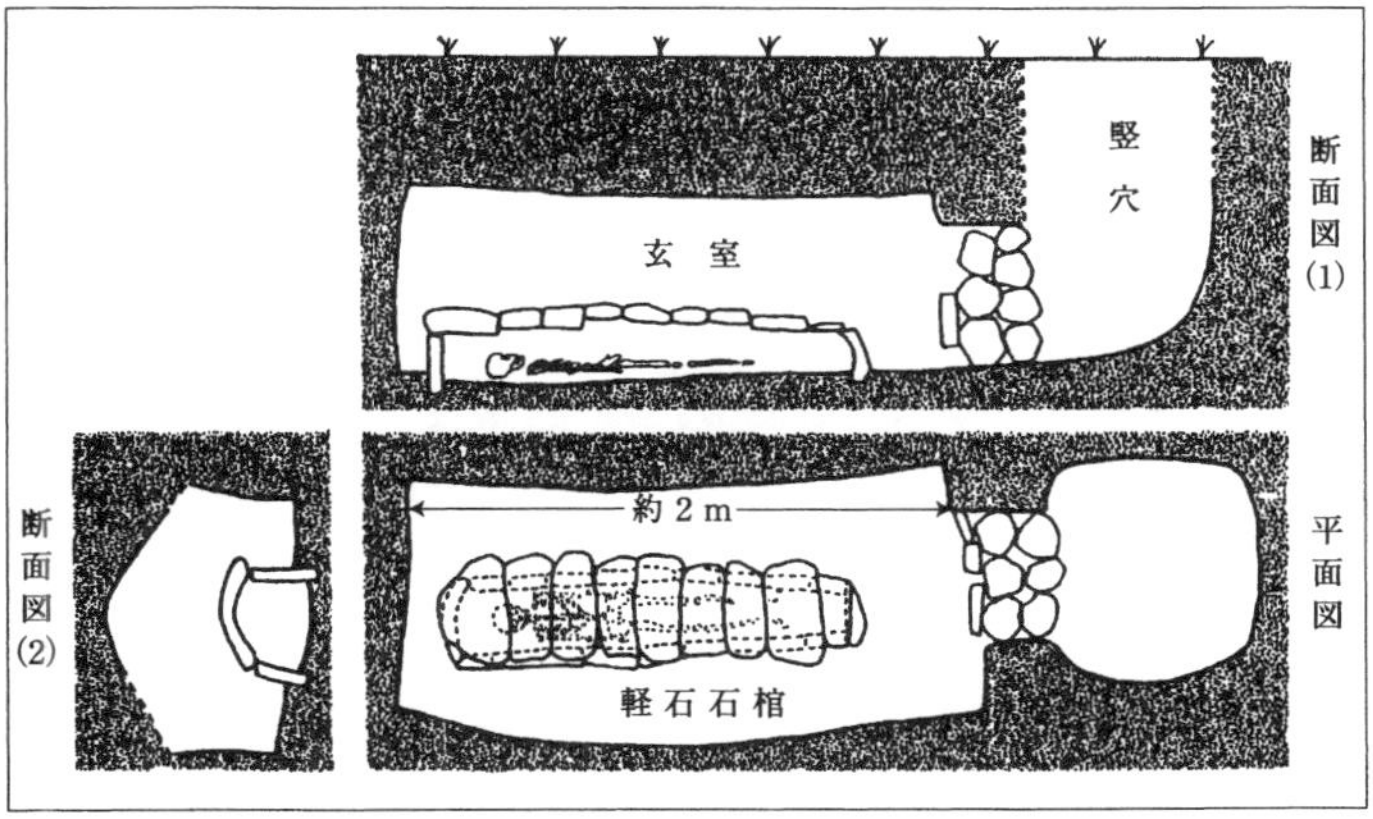

地下式横穴墓

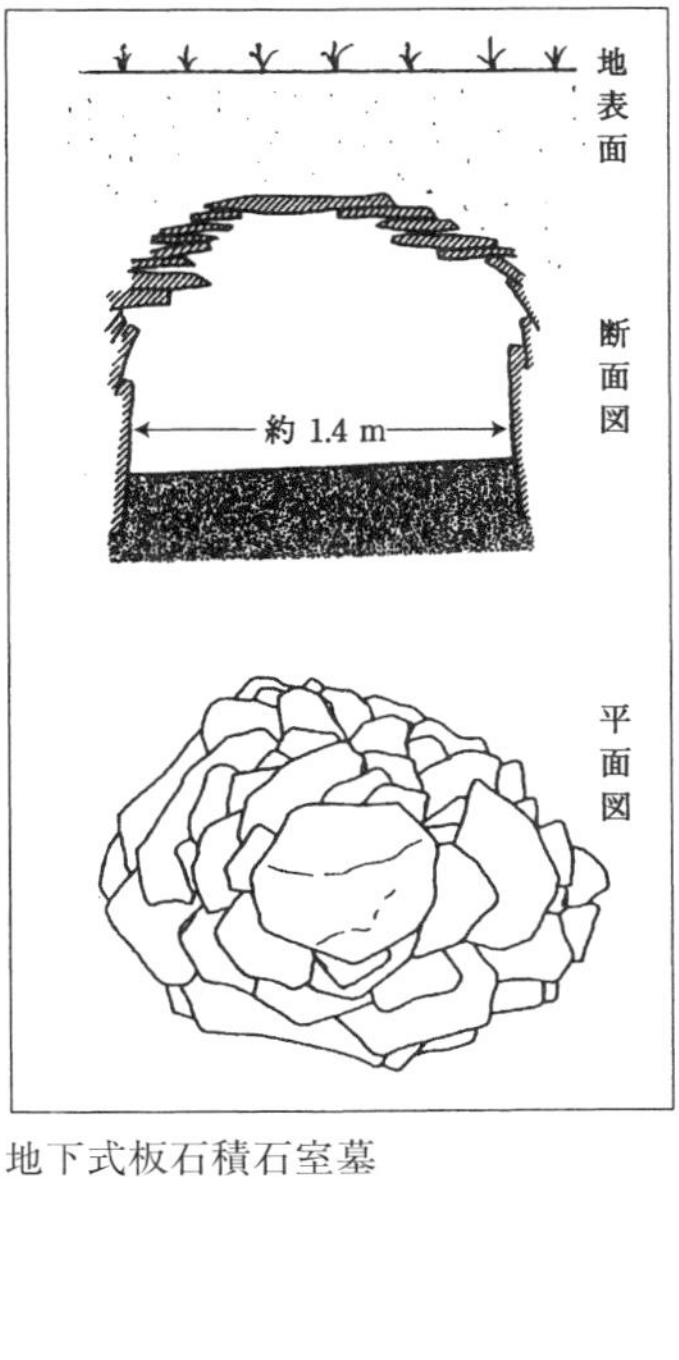

地下式板石積石室墓

攪乱されていたが、鉄剣などが出土しており、県内で発見された周溝墓の初例ともなった。四世紀末から五世紀にかけての築造とみられている。

宮崎県側では、えびの市島内《しまうち》の地下式横穴墓群が注目される。この地下式墓群は、永山よりやや遅れた五世紀後半から六世紀前半の築造とみられている。甲冑の出土が目立ち、一群から三角板鋲留《びょうどめ》短甲・横矧《よこはぎ》板鋲留短甲・小札《こざね》鋲留衝角付冑《しょうかくつき》・横矧鋲留衝角付冑などが各一～三個検出されている。県内でも、この地域は甲冑類の出土では有数の墓群とされている。

これらの状況からみると、沿海部のみならず、内陸部においてもヤマト王権の勢力の波及が、その副葬品からうかがわれる。

五　南海産貝の交易をめぐって

薩摩半島西岸部の海洋性

南九州の古墳時代の各地域の様相を述べてきたが、これまでにあまりふれなかった地域の一つが、薩摩半島西岸部である。この地域は七世紀になると、阿多君《あたのきみ》一族の存在がしだいに明確になってくる。阿多君は、南九州の諸豪族のなかでも海洋性に富む一族で、現在の南さつま市加世田・金峰町一帯を本拠地としていたとみられ、その中心部には万之瀬《まのせ》川が貫流している。この地域の海洋的性格は早くから見出される。そのいっぽうで、陸上には古墳などの目につきやすい遺跡はほとんど残していない。それでも、点在する諸遺跡を丹念に総合的に観察すると、南九州のなかではやはり特異な地域性を示している。

まず、縄文時代の晩期には、この地域にヒスイが持ち込まれていた。旧加世田市上加世田《うえかせだ》遺跡の出土品のなかにあるヒスイの勾玉がそれである。南九州にはヒスイの原産地はない。したがって遠くから運ばれたことになるが、その有力候補地として、新潟県の姫川流域との指摘もあり、勾玉とともに出土した双口土器とその文様は東日本との交流を示すともいわれている。

弥生時代になると、旧金峰町の高橋貝塚の出土品が注目される。万之瀬川の支流堀川《ほりかわ》の右岸、吹上《ふきあげ》浜砂丘の内側にあたる。遺跡は小シラス台地に立地するが、いまは一部が削平されて玉手《たまて》神社が建てられている。貝塚は海岸線より約二・五キロの地点に形成されているが、かつてはこの付近まで入江が深く入り込む地形であったとみられ、良港ともいえる状況であったと推察される。

縄文時代晩期から弥生時代前期に、一帯に稲作文化が伝播したとみられ、米を蒸す土器（甑《こしき》）の底部に籾《もみ》痕が見られるほか、石包丁などが出土していて、北部九州と大差ない時期の稲作が想定されている。また、鉄鏃かと思わせる鉄製品（銹《さび》で塊状になり原形不詳）が出土しており、九州では熊本県斎藤山出土の鉄斧とともに、最古の部類に属している。

このような北部九州経由とみられる文化とともに、注目されるのが南島から搬入された大型の巻貝である。ゴホウラ・オオツタノハなどの巻貝を移入し、この地で暫定的加工をほどこして貝輪（腕輪の原形）を作って、さらに移出したことが認められる。貝輪にできるような大型貝の産地は沖縄諸島を主にしており、高橋貝塚が南島交易の一拠点として早い時期に位置づけられることは、薩摩半島西岸部の歴史的特性をよく示していよう。

写真4　南島産の貝類（上＝イモガイ，下＝ゴホウラ，左右＝オオツタノハ，枕崎市教育委員会所蔵）

高橋貝塚からは、南島産貝を素材とした貝輪が、未完成品も含めて多量に出土していることから、この地は貝輪の第一次加工場であったといっていい。いまでも、玉手神社の社殿背後の貝塚堆積部の地表面からは、ときにゴホウラ貝の破片が見つかるほどである。その破片を手のひらにのせると、二〇〇〇年以上も前の人びとが、どのような航海をして沖縄諸島を往復したのかと、さまざまな思いが頭のなかをはせめぐる。

高橋貝塚で貝輪状に加工された貝類は、北部九州・瀬戸内海沿岸、さらにそれ以遠の地に運ばれ、それぞれの地で好みに合わせて完成品となり、首長層の権威を示す装飾品となったとの見方がある。とすると、高橋貝塚一帯の人びとが、これらの地域の人びとと直接交易していたことも想定されるが、おそらくは北部九州との交易が主で、北部九州の人びとが仲介して、ときには製品に仕上げてさらに東方へと搬出したと考えられる。

北部九州・沖縄の中継地

北部九州と薩摩半島西岸部の人びとは、九州西海ぞいの各地を経由しながら、南下あるいは北上して交易したのであろう。また、のちにはこの海域に肥人《ひひと》とよばれる海民の存在が認められるので（第五章）、かれらと系譜的につながる人びとの活躍も想定できよう。

薩摩半島西岸部で、北部九州の弥生時代の葬制である支石墓《しせき》・甕棺《かめ》が検出されていることは、そのような交易・交流の軌跡とみられる。その一、二を紹介しておきたい。

日置市吹上町入来《いりき》には支石墓がある。以前に調査されたことがあり、付近の遺跡（弥生時代中期〜古墳時代の集落跡）との関連が注目されたが、支石墓は原位置から動かされており、埋葬状況などは不明であった。それでも、数個の塊石で支えられた巨大な上部の覆石＝撐石《しょうせき》の構造は、多くの考古学研究者によって支石墓とされている。また、高橋貝塚のある玉手神社の前には、注連縄《しめなわ》をめぐらされた巨石が安置されている。この巨石は社の古神体を示す磐境《いわさか》ではないかとの説があるが、いっぽうで支石墓の撐石とする説がある。

また、神社の近くの下小路《しもしょうじ》遺跡からは、須玖《すく》式（北部九州系）の合《あわ》せ口《ぐち》甕棺が出土しており、一帯からは支石墓と推定される巨石の一群が見つかってもいる。

このような状況からみると、弥生時代の薩摩半島西岸部には、北部九州からやってきた人びとが、ある期間滞在するような交易拠点があったと推定できる。また、沖縄諸島の人びとも、この地域に大型貝殻を搬入することもあったと想像してよいであろう。沖縄諸島から北上してくる黒潮の流れは、その可能性を高める。

第二章　クマソ、その実体は——虚構のなかの反逆者像

一　『記』・『紀』のクマソ像

いまに伝存されている最古の史書、『古事記』には「熊曾」、『日本書紀』には「熊襲」というそれぞれの表記で、古代の南九州にはクマソという人びとが住んでいたとしている。事実なのであろうか。

太平洋戦争前の、昭和一〇年（一九三五）発行、文部省検定の教科書『尋常小學　國史』（上巻）には「日本武尊《やまとたけるのみこと》」の一節がもうけられていて、「九州の南の方に住んでゐる熊襲がそむいたので、天皇は御子の小碓尊《をうすのみこと》にこれをお討たせになつた」とある。この一節は、クマソとともにエミシ（蝦夷）を討つ一連の話で、六ページにもわたっている。

この教科書は小学校上学年で使われたというが、このような歴史観は戦前だけのもので、いまは消滅したのであろうか。

じつは、さまざまな形をとって現在も生き続けている実状がある。中学・高校の教科書では一部を除くと、ヤマトタケルの代わりに「大和政権」の勢力の伸張と重ね合わせて、およそつぎのように述

べている。

『古事記』『日本書紀』にも、大和政権が九州の熊襲や東国の国ぐに、さらに東北の蝦夷などの住民をしだいに征服・同化していったという伝承がある。

このように伝承とするいっぽうで、中国の歴史書『宋書』倭国伝の「倭の五王」のなかの、倭王武《ぶ》の上表文に見える「西は衆夷を服すること六十六國」についての解釈では、「衆夷」をクマソとすることは、ほぼ定着している感があり、クマソが実在してもいる。

クマソは、はたしてそのような理解によって生き続けてよいのであろうか。戦後の古代史研究は、考古学調査の進展とあいまって、科学的・合理的になってきた。ところが、意外に旧態のまま、戦前と大同小異といえる分野や問題意識もある。クマソの実体についての研究はそのような分野の一つであろう。

史書の語るところから、まずその内容を検討してみよう。

夜がふけて、人々はかへりました。たけるも酒によつてねむりました。此の時尊はふところのつるぎを出して、たけるのむねをおつきになりました。なみ〳〵の者なら「あつ」とさけんで死にませうが、たけるも熊

図3　明治期『尋常小學國語讀本』にあるクマソを討つヤマトタケル

景行天皇のクマソ征討

『日本書紀』によると、小碓尊、すなわちのちの日本武尊は景行天皇の子という設定である。ヤマトタケル（以下、本書では人名・神名はカタカナで表記することがある）のクマソ征討は、戦前の教科書にも登場していたが、じつはそれ以前に父の景行天皇のクマソ征討話があることは、あまり知られていない。『日本書紀』の景行一二年から一九年にわたる、約八年間におよぶこの話は、天皇が都を出発し、九州東岸ぞいの各地の賊を討ちつつ南下し、主目的のクマソタケルを平定し、帰路は九州西岸部を北上し、結果的には九州各地の諸勢力を服従させて、都に帰っていくという壮大な筋の話である。

それから八年後、景行二七年になって、クマソが再びそむいたので、天皇はヤマトタケルを遣わして征討することになった。このときの話が教科書にのっていることになる。

しかし、『日本書紀』の記述を主にした教科書の文章と、『古事記』のそれとはかなり違っている。教科書ではその性格について、「尊は、御生まれつきくわつぱつ（活発）で、その上御力もたいそう強い御方であつたから、この頃まだ十六の少年でいらつしやつたが、おほせを受けると、すぐ九州にお出かけになつた」、としているが、『古事記』はつぎのように述べている。

まず、前段の話を少し紹介しておきたい。景行天皇は、ヤマトタケルの兄（大碓命《おおうすみこと》）が朝夕の食事を一緒にとらないことから、弟のヤマトタケルに、よく教えて食事に出てくるようにせよ、と申しつけた。ところが、五日を経ても兄が出てこないので、どのように教えたのかと聞いたところ、つぎのように答えた。

「朝署《あさけ》（明けがた）に厠《かはや》に入りし時、待ち捕へて搤《つか》み批《ひし》ぎて（つかみつぶして）、其の枝《えだ》（四肢）を引き闕《か》きて、薦《こも》に裹《つつ》みて投げ棄《う》てつ」とまをしき。是に天皇、其の御子の建《たけ》く荒き情《こころ》を惶《かしこ》みて（恐れて）詔《の》りたまひしく、「西の方に熊曾《くまそ》建《たける》二人有り。是れ伏《まつろ》はず禮《ゐや》无《な》き人等《ひとども》なり。故《かれ》、其の人等を取れ（殺せ）」とのりたまひて遣はしき。

この『古事記』のヤマトタケルの性格についての書きぶりからすると、景行天皇は御子の強暴な心に恐れをなして、西方の服属しないクマソタケルを討たせにやったのであって、教科書の記述とは大きく異なっている。

つぎに、クマソ像はどのように描かれているかというと、『日本書紀』では、「熊襲亦《また》反《そ》むきて邊《めぐり》境《ほとり》を侵《おか》すこと止まず」「熊襲反《そ》むきて朝貢《みつぎたてまつ》らず」とあり、『古事記』の場合はさきに引用した「伏はず禮无き人等」であって、両史書に共通して反逆者のイメージばかりが強い。しかしながら、なぜ討たれねばならなかったのか、その理由については、「反むく」「伏はず」「侵す」や、「朝貢」せず、あるいは「禮无き」であって、具体性に欠ける。その点では、ヤマトタケルの人物像の描き方とは対照的でもある。そこには、クマソは実在したのであろうか、という単純な疑問が生じてくる。

クマソは四世紀の存在か

では、『古事記』『日本書紀』には、いつのころクマソは存在したことになっているのであろうか。

両史書では景行・仲哀《ちゆうあい》両天皇と神功《じんぐう》皇后の時代に、クマソは南九州で反逆行為をくり返したことになっている。すぐそのあとは、応神朝であり、つぎは仁徳朝である。応神朝以後は、古代史研究者の多くが実在を認めているし、中国の史書『宋書』にも倭王讃《さん》として登場してくる。讃は応神・仁徳のどちらかであろうが、その時期は四世紀末から五世紀前期のころに比定される。

とすると、南九州でクマソが反逆をくり返したのは、ほぼ四世紀代のことでもあろうか。

四世紀の南九州はどのような状況にあったのか。すでに前章で概観したように、前方後円墳に代表される高塚古墳は、日向で築造されつつあった。宮崎市を貫流する大淀《おおよど》川水系の生目《いきめ》古墳群のなかの一号・三号の前方後円墳は、その規模においても目立っている。また、一ツ瀬川水系の西都原《さいとばる》古墳群でも小規模ながら前方後円墳が築造されていた。さらに、北部の小丸《おまる》川水系でも古墳の築造が見られる。

ところが、日向で在地性が強いとみられる地下式横穴墓は、いまだほとんど築造されていない段階であった。また、大隅地方でも高塚古墳も地下式横穴墓も見られない時期であった。

クマソがどこに住んでいたかは、これから追究することになるが、ヤマト王権とクマソとの間で、四世紀以前の時期に服属関係、あるいは朝貢関係が成立していたことを前提にしなければ、「反むく」「禮无き」などのクマソ像を示す諸語句は、その実体が見出せないことになろう。

二　『風土記』のなかのクマ・ソ

クマソはどこに住んでいたのであろうか。この問いについての解答は、学界では肥後の球磨《くま》、大隅の贈於《そお》の地名をつづけたものがクマソである、との考え方が通説となっている。クマソは地域名であるとともに、族名でもあるとしている。

津田左右吉説の定着

この通説を定着させたのは津田左右吉《つだそうきち》であった。氏の業績は、『古事記』『日本書紀』の解釈における古代史の分野ばかりでなく、日本思想や歴史観の近代化においても多大であり、特筆されるべきである。クマソについての氏の考え方を要約してみよう（『日本古典の研究』上巻）。

氏によると、クマソはクマ・ソに分けられる。ソは「曾」「襲」そして「贈於」にもあたると推定している。クマは『風土記』などに球磨贈於とつづけてある「球磨」で、大隅の贈於の北につづいている肥後の南部、球磨川の流域の地名である。そしてそれは、上代からの知識として受けつがれたものである。さらには、つぎのようにも述べている。

「アルサス・ロレイン」といつたり、「むくり・こくり」といつたりするやうに、同一の事情の下にある隣接地、或は共同にはたらいた二つの勢力を連称することは、怪しむに足るまい。更に一歩を進めて考へると、何れかの関係に於いて、一つの政治的勢力に結合せられてゐたのかも知れない。

以上が、クマソの地域についての津田の所説の中心的部分である。ちなみに、「アルサス・ロレイン（アルザス―ロレーヌ）」とはドイツとフランスの国境地域で、鉄鉱の産地である。また、「むくり・こくり」とは蒙古・高句麗のことで、元寇を想起して、恐しいもののたとえとして使われた。

津田のこの考え方は、『風土記』という古代の文献にもとづいての論及で、一読して説得的である。この学説を遡及すると、それ以前に喜田貞吉《きださだきち》の提唱した説がある（『日向國史』上巻）。喜田はつぎのように述べている。

「クマ人」の名が肥後球磨郡に伝はれるが如く、「ソ人」の名は大隅贈於郡に遺《のこ》り、其の球磨と、贈於との文字を重ねて、「球磨贈於」といふ。九州諸國の風土記、常に熊襲の族を表はすに、「球磨贈於」等の四字を以てするものは、蓋《けだ》し両郡の名を合せたるものにて、熊襲が、肥人《くまひと》、襲人《そひと》の並称なるを示せるものなるべし。

このような喜田の考え方は、津田の所説にかなり類似している（引用文中のふりがなは筆者による）。ただし喜田は、クマ・ソは地域名であるとともに、クマ人・ソ人という族称でもあるとの考えであり、「肥人」をクマヒトと読むことによって、球磨と結びつけている。その読み方については、筆者は賛同できない（後述）。

このようにみてくると、喜田貞吉・津田左右吉によってとなえられた、『風土記』にもとづく「球磨贈於」＝クマソ（地域名・族名）説が基盤となって、現在のクマソ観は形成され、おおかたの研究者間でも通説となっている。ところで、両氏がともに論拠としている九州の各『風土記』の記述は、それほど信頼できるものであろうか。

風土記への疑問

『風土記』は、和銅六年（七一三）元明天皇の詔《みことのり》により、諸国に命じて、郡・郷などの地名には好字をつけてその由来、地形と地味、産物、伝承などを報告させた地誌の類である。しかし、大半の諸国のそれは散逸し、出雲国のみが完本として伝存し、常陸・播磨・豊後・肥前の諸国の分は、不完全ながら一応残っている。といって、これら五国を除く諸国の『風土記』が、まったく見られないということでもない。というのは、後代の諸書に引用された「逸文」が残存しているからである。

そこで、西海道《さいかいどう》ともいわれた九州の各『風土記』から、クマソを「球磨贈於」とした例を探すと、豊後国（二例）・肥前国（二例）・筑前国（逸文、一例）・肥後国（逸文、二例）の計七例を見出す。つぎに、その記述内容を検討してみると、景行天皇のクマソ征討を記したものが六例、仲哀天皇のそれが一例となっているが、そのすべてが『日本書紀』のクマソ征討記事と類似しており、その引用であることが明らかである。なかには、仲哀天皇のときのこととしながら、内容は景行天皇のそれとなっているものもあるので（筑前国）、七例すべてが景行天皇の記事にもとづくものと、集約できる。

とすると、九州の各『風土記』は、少なくとも『日本書紀』成立（養老四年＝七二〇）以後に記述されたことがわかる。なかには、八世紀後半に名づけられた諡号《しごう》（死後のおくり名）である「景行」が、そのまま用いられた例もある（肥後国）。となると、『風土記』はさらに遅れて記述されたことになる。それにしても、諸国に命じて報告させたはずの記述内容が、クマソについては、九州の各『風土記』でこれほどまでに「球磨贈於」に統一され、しかも共通して『日本書紀』の景行天皇の征討記事が引用されるのは、なぜであろうか。

そこで、一つの推測を試みたい。

じつは、『風土記』は延長三年（九二五）になって、太政官から提出命令が出ているのである。そこでは、もし国庁に『風土記』の底本がなければ、各郡内を探索し、古老にたずねて、あらためて『風土記』を作成し速やかに言上せよ、といっている。また、『風土記』という書名もこの官符に見えるもので、和銅期の当初の命令では、単に「史籍」といっていることは注意してよいことであろう。

このような状況をふまえると、延長三年の太政官符は、西海道（九州）においては大宰府を介して諸国に伝達されたはずであるが、大宰府管下の諸国では、律令制の衰退期に入っていたことともあいまって、それに十分対応できない事情が生じていたのではないかと考える。そこで大宰府では、府官（役人）に命じて統一した編纂方式をもって作成させたと推測するのである。命を受けた府官たちは、管下の諸国を分担し、諸国から提出された未整備資料を参考にしながらも、『日本書紀』などの記述と整合させながら仕上げていったとみられる。

そのような作業の過程で、記述について生じたいくつかの問題があり、その一つがクマソの実体ではなかったかと思う。『古事記』『日本書紀』の記述から推測すると、クマソの居住区は大隅国の贈於郡あたりの地域であり、その地域の住民を指していることは、ほぼ見当づけていたのではあるまいか。しかし、そこが「ソ」ではあっても、「クマ」については容易に決められず、贈於の北に接する肥後国の球磨郡に結びつけ、「球磨贈於」とする新しい熟語が造作された、と私はみている。

当時の大宰府の役人たちの観念では、球磨も贈於も南方の山間部に位置していることから、クマソの居住地にふさわしいとの見方が念頭にあったのであろう。いずれにしても、『古事記』『日本書紀』に描かれたクマソの実体は、府官たちの間でも把握できていなかったとみられる。現在の研究者の多くも、この府官たちの短絡的思いつきに引きずられているのである。大隅の贈於と肥後の球磨の両地域は、地形上からも隔てられており、社会的・文化的両側面においても明らかな相違が認められることを、さらに次節で述べてみたい。

三　クマソと襲国

津田説は認められるか

津田左右吉が、「「アルサス・ロレイン」といつたり、「むくり・こくり」といつたりするやうに、同一の事情の下にある隣接地、或は共同にはたらいた二つの勢力を連称することは、怪しむに足るまい」、と述べていることはすでに紹介した。

しかし私は、なぜ津田が突然このように外国の地名の連称例をもち出したのか、それ自体を「怪しむ」。クマソをめぐって論じているのは、日本列島の古代の問題である。そこに連称例を見出して、説明を加えてほしかったと、残念に思っている。日本でも、後代になると地名の連称はあるし、近代でも二つの地名の一部分ずつをとって、新しい地名を合成することがある。とはいえ、いま問題にしているのは、古代の地域名であり、族名である。

また、津田はつづけてつぎのようにもいっている。「更に一歩を進めて考へると、何れかの関係に於いて、一つの政治的勢力に結合せられてゐたのかも知れない」と。

はたして、そのようなことがいえるのか。球磨と贈於の両地域について、少し検討を加えてみたい。

肥後国の球磨郡の地域は、現在の熊本県人吉《ひとよし》市を中心とした球磨川の上流域である。四周は山地に囲まれ、肥後国の南東部に位置することから、東は日向、南は大隅・薩摩の国々に接している。いっぽう、大隅国の贈於郡の地域は、鹿児島湾奥部の霧島市国分《こくぶ》・霧島町を中心とした一帯で、大隅国の北部にあたる（現在の「曾於郡」は明治期の郡区編成によるもので、その地域をかなり異にしている）。古代の贈於郡の地域とその名称はそれ以後にも継承され、中世では「曾於郡」「曾野《その》郡」など、近世では「曾於郡」「襲山《そのやま》郷」など、また近代でも「東襲山郷」「西襲山郷」などとして地名を残存させてきた。

このように、ソは「曾」「襲」で表記されているが、それは『古事記』『日本書紀』の表記の継承でもある。なお、クマソの居住地域については、『日本書紀』景行天皇一二年一二月条に、「襲國に厚鹿文《かや》・迮鹿文《さかや》といふ者あり。是の兩人は熊襲の渠帥者《いさを》なり」とあるように、つねにクマを冠して呼ぶわけではなく、「襲国」と表記する例のあることには注意しておきたい。

球磨郡域と贈於郡域は国境をへだてながらも一部で接していたとみられる。しかし、その国境付近は一〇〇〇メートル近い山なみの国見山地が横たわっており、地形は高低の変化も激しい。九州を縦断する自動車道が、この国境付近を難所として最後までつながらず、残されていたことは、その地形のきびしさを如実に物語っている。

山地によって隔てられた球磨・贈於両郡域が、津田がいうように、「同一の事情の下」で「共同にはたらいた二つの勢力を連称」し、「二つの政治的勢力に結合せられてゐた」のであろうか。

じつは、両郡域は「球磨贈於」の連称ではくくりきれない、異質の社会的・文化的諸要素をもっていた。それは、河川水域を異にし、高塚古墳分布の有・無において端的にみられ、その差異は明白である。

球磨の地域性

球磨地域は、球磨川の上流域に立地するが、その河口部の八代海《やつしろ》（不知火海）に面する一帯には四〜五世紀代の高塚古墳が分布し、九州でも早い時期に築造された一群とされている。八代海沿岸部のこのような先進的傾向は、球磨川水系の上流域にやや遅れておよび、人吉盆地に高塚古墳の築造をうながす。

まず、亀塚古墳群（球磨郡錦町《にしき》）は三基の前方後円墳からなり、熊本県下の同形式の南限となっている。その一号墳からは直刀・鐙《あぶみ》などが出土している。古墳時代中期の五世紀とされている。後期になると、才園《さいそん》古墳群（同免田《めんだ》町）・赤坂古墳群（同多良木《たらき》町）・鬼《おに》の釜《かま》古墳（同免田町）・諏訪原《すわばる》古墳群・湯山千人塚古墳群（いずれも、同水上《みずかみ》村）などがある。

才園古墳群は四ツ塚とも通称される四基の円墳群で、鏡・玉類・金銅製馬具の出土で注目された。赤坂古墳群は三基からなり、その一号墳からは大刀・矛《ほこ》・馬具・斧《おの》・鎌・刀子《とうす》・鏃《やじり》などが出土している。鬼の釜古墳は巨石を用いた横穴式石室をもっている。諏訪原古墳群（三基）は横穴式石室を有する円墳で、武具類と金環が出土した。湯山千人塚古墳群は、かつては七十数基の円墳群であったというが、いまは十数基のみが数えられ、馬具・直刀・金環などが出土している。

これらの高塚古墳に加えて、装飾横穴墓群が三ヵ所で見出されるのも、この地域の特色である。大村横穴墓群（人吉市、二六基）・京《きょ》ガ峰《みね》横穴墓群（錦町、三基）・小原《こばる》横穴墓群（球磨郡相良《さがら》村、五基）で、いずれも凝灰岩《ぎょうかい》の崖面に造られ、剣・楯・靫《ゆき》・円文・三角文などの浮き彫りや線刻、内壁に赤の彩色などが見られる。いずれも古墳時代後期とされている。

ほかに、地下式板石積石室墓、あるいはその類似構造墓が分布する。人吉市をはじめ、周辺部に散在する高《たか》ン原《ばる》（錦町）、大久保（多良木町）、新深田《しんふかだ》（深田村）などに墓群がある。

地下式板石積石室墓については、すでに述べたが（第一章）、人吉盆地のこれらの墓群は球磨川水系の八代市（丸山）、その南部の芦北郡《あしきた》（小島・宮之浦）、水俣市（初野・北園）などのそれとの関連が指摘されている。そのいっぽうで、川内川水系とのつながりについては消極的な意見がある。

球磨地域の古墳の状況を、このように概観すると、分布と出土品において多様であり、この地域の首長層や豪族諸勢力の存在を彷彿させるものがある。

贈於の地域性

つぎに、贈於地域の古墳時代の様相はどうであろうか。この地域には、鹿児島湾奥部に河口をもつ天降川《あもり》（新川）が貫流している。球磨川に比べると流域規模はおよばない。また、霧島山系から南流する川ぞいでは、各所でシラス火山層を流し崩し、深い峡谷を作り、下流域ではしばしば川筋を変えた歴史をもっている。

球磨地域と当地域とを対照して、まず端的にいえることは、贈於地域では高塚古墳も装飾古墳も見出されないことである。それはまた、ヤマト王権の勢力の影響がおよんでいないともいえる。地下式板石積石室墓も存在しないといってもいいが、縁辺部で川内川水系に近くなると、その分布の一端が当地域にかかりそうな場合もわずかにある。このような状況のなかで、特異な例として指摘できるのが、霧島市国分の亀《かめ》ノ甲《こう》遺跡である。その土壙墓から三累環頭大刀《さんるいかんとう》などが出土したことについては、前章で述べた通りである。

このように、球磨・贈於両地域の古墳時代の様相を対比すると、異質の地域相があったことは明らかであり、両地域の諸勢力の背景をなす社会・文化に懸隔のあったことは容易に推察できよう。したがって、西海道のいくつかの『風土記』に共通する「球磨贈於」をクマソの居住地とすることには、少なからず問題がある。

とすれば、津田左右吉が主張した、球磨贈於が「同一事情の下にある」隣接地ということにおいても、また「或は共同にはたらいた二つの勢力」の連称という点でも、その根拠はほとんど見出しえないというほかないであろう。

それにしても、前述したように「熊曾」「熊襲」の表記に加えて、『日本書紀』がクマソの居住地を景行紀で「襲国」としていることからすると、のちの贈於郡を主とした地域が想定されていることはほぼ認められるであろうから、問題はクマ・ソのうちのクマにあることになる（後述）。

とはいえ、ソについてもまだ解決しなければならない問題が残っている。それは、「贈於」が「曽」になったことは、『風土記』編纂に際しての、地名は二字・好字をつけよ、との方針から理解しやすい。しかし、『日本書紀』の用字「襲」は、普通にはソとは読まない字であり、ことさらおぞましい字を選んだとみられることである。この選字が、反逆者としてのクマソ観念をつくり出し、増幅させていることを見過ごしてはならない。それにしても「熊襲」とは、見るからに恐怖をおぼえさせる族名・地名であること、請け合いである。

このようにして、「襲」がいったん史書に用いられると、それが慣用され、南九州の地名の一部にも定着して、近年まで用いられていた。南九州には、史書からとられた地名がいくつもあり、さほどめずらしいことではないが、そのなかでも「襲」は、人びとにもっともいやな感じをあたえる字である。

クマの意味するところ

ところで、クマはどのような意味をあらわしているのであろうか。それは、文字通り動物の「熊」の意と受けとめてよいであろう、と私は考えている。日本列島に生息する諸動物のなかで、最大・最強で、かつ獰猛《どうもう》である。また、その色、黒は不気味な畏怖感をあたえる。その「熊」と「襲」を重ね、つづけて、クマソの用字として『日本書紀』を叙述したところに、編纂者の意図が読みとれそうである。

すなわち、大王の権力に従わず、反逆をくりかえしたとするクマソ像の造出である。

なお、本居宣長は『古事記伝』で、

彼梟帥《たける》どものいと建《たけ》かりし故に熊曾とは云なり、熊鰐《わに》、熊鷲《わし》、熊鷹《たか》なども皆、猛きを云称なり。

と述べている。この「熊」の解釈は、私の考え方に通ずるものをもっているようである。

四　クマソは実在したか

これまでに述べてきたことからおよそわかるように、記述された諸伝承からクマソが南九州に居住していたらしいという観念が王権内部にあったことは認められるものの、その実体は漠然としている。西海道の各『風土記』の編纂にたずさわった大宰府の府官たちは、苦慮してクマソを「球磨贈於」として、曲がりなりにもその用務から免れた。しかしそれは、漠然としたクマソの実体が、同じ古代の府官たちを困惑させたことを、用字が如実に示していることにもなる。クマソにあてられたさまざまな用字は、実体不明という原因から、個々に観念的に造作されたものにほかならない。

クマソとツチグモ

クマソに類するものにツチグモがある。ツチグモも『古事記』『日本書紀』、そして各『風土記』に見える異族で、その用字も「土蜘蛛」「土雲」などが用いられ、「身短かくして手足長し」（『日本書紀』）の容姿であったと語られるが、その居住地域は西日本を主にしながらも広域にわたっている。その点では、クマソはソ（贈於）に拠りどころがあるといえる。いずれにしても、ツチグモはクマソとともに、実体がはっきりしない点、ヤマト王権に反逆的である点では共通しており、ともに賤視された蔑称である。

ところが、ツチグモの記述が諸書のなかで断片的であるのに比べ、クマソの場合は『古事記』『日本書紀』のなかで、一連の物語として語られるところに特色がある。景行天皇・ヤマトタケルの征討説話、そして仲哀天皇・神功皇后の征討説話もあり、それらの話のなかではしばしば具象性すら帯びてくる。クマソの実在を思わせる書きぶりである。

クマソとクナ

そのような書きぶりが、他の史書の記述の解釈にも影響をあたえる場合がある。前節で紹介した中国の史書、『宋書』倭国伝の文中に見える「衆夷」をクマソだとする解釈は、その一例である。ほかにもある。それは『魏志』倭人伝に見える「狗奴国《くな》」である。

狗奴国は、女王ヒミコの邪馬台国の南にあり、男王の支配する国で、女王には服属していない。それればかりでなく、三世紀半ばには両国の間に戦争がおこっている。その好戦的な狗奴国をクマソに擬しているのである。「狗奴」がクナあるいはクヌと読め、クマソの音に近いことにもよるが、この説は明治以来、現在にいたるまで根強い。

たとえば、『魏志』倭人伝のテキストとして広く普及している岩波文庫本には、狗奴国についての注釈に、「熊襲であろう。クマソは球磨（Kuma）阿蘇（Aso）のつづまったもの。Kunaとよむべきか。（下略）」とある。この注釈では、狗奴国をクマソと推測するばかりでなく、クマソを球磨・阿蘇として、これまで述べてきた球磨・贈於とは異なる見解をも示している。とすれば、クマソは肥後に居住し、この地域を勢力圏としていたことになろう。しかし、その論拠は明確ではない。

狗奴国がクマソだとすると、三世紀に存在していたことになる。また、『古事記』『日本書紀』に見える景行天皇・ヤマトタケル・仲哀天皇・神功皇后の時期だとすると、かりにそれらの実在を認めるにしても、ほぼ四世紀ごろに比定される。

三・四世紀の贈於

いっぽうで、クマソのソが大隅の贈於地域をさすことは、『古事記』の用字「熊曾」、『日本書紀』の用字「熊襲」・「襲国」、そして『風土記』の用字「球磨贈於」のいずれもが、地域名の用字として近代にいたるまで使用されてきたものであることからすると、ほぼ認められよう。それはまた、これらの諸書を述作した人びとが観念した地域としても、およそあてはまる。

となると、時期としては三〜四世紀、場所としては贈於地域に焦点を合わせてみる必要があろう。弥生時代後期から古墳時代の前期にあたる時期に、南九州の贈於地域に、ヤマト王権に反逆するような勢力が、はたして存在したのであろうか。

そこで、あらためて三〜四世紀の贈於地域を見直しても、日本列島史のなかで弥生時代的あるいは古墳時代的特性といえる諸要素を、この地域にとくに見出すことは、かなり困難である。弥生時代の特性とされる水田稲作と金属器使用、そのどちらにおいても、この地域で特筆されるべきものは検出されていない。また、古墳時代の状況はすでに述べたように、わずかに見出される程度である。

このようなことから推測すると、三〜四世紀に想定することに無理があるように思われる。古代日本列島史のなかで、西日本におけるヤマト王権の勢力伸張は、五世紀代に肥後・日向の線を想定すれば、ほぼ承認されるであろう。とはいえ、これらの両地域内でも反王権的勢力は、分散的・一時的に存在したことは否定できない。

両地域より南に位置する薩摩・大隅の主要部にヤマト王権の勢力が伸張してくるのはそれ以後であり、それが本格的になるのは七世紀の後半である。そこには、中央集権的国家体制の形成をめざす中央政権の政策とあいまって、対外的情勢の緊迫が要因となっていた。

白村江の戦いと南九州

その対外的情勢とは、朝鮮半島における諸国の対立、抗争であり、ヤマト王権との直接のかかわりは白村江《はくそんこう》の戦いであろう（この時期ころ以降、本書ではヤマト王権の用語に代わって、中央政権の語を用いることにする。この政権は、この後は推移しつつ律令国家の中枢部にもなっていく）。

このころ、朝鮮半島では斉明《さいめい》六年（六六〇）に滅亡した百済《くだら》が、その再興をめざして倭（日本）に出兵を要請していた。そこで倭は出兵し、朝鮮半島南西部の錦江河口（白村江）で、唐・新羅《しらぎ》軍と交戦した（六六三年）。しかし、倭・百済の連合軍は大敗し、百済の王族・貴族が多数倭国へ亡命した。倭国は、北部九州・瀬戸内海沿岸各地に城を築き、そのいっぽうで都を近江《おうみ》大津に遷して防衛態勢を固めた。

その間に、女帝斉明（皇極重祚《ちようそ》）はみずから筑紫（九州）まで遠征し（六六一年）、朝倉宮を本宮にし指揮の陣頭に立つという、それまでの史実にはみられなかった態勢をとっている。斉明には皇太子の中大兄《なかのおおえ》も同行していた。

大王（天皇）とその後継者が、外征のために畿内を離れて筑紫までおもむくことには、それほどの重大事態とみる中央政権側の認識があったことを示している。その認識された事態に対処するために、筑紫の各地域の諸豪族に出兵要請が出されるのは当然であろう。

それに対し、筑紫各地の国造《くにのみやつこ》・首長層などはどのように反応したのであろうか。かつての筑紫には、王権の外征を妨害した筑紫君磐井《いわい》に代表される勢力があった。六世紀初めのことである。この乱後、磐井の子の葛子《くずこ》は糟屋屯倉《かすやのみやけ》を献上し、王権に服属したという。それから一世紀余り経過している。したがって、筑紫の大勢は中央政権の出兵要請や、敗戦後の唐・新羅の逆襲に備えての、北部九州での水城《みずき》・大野《おおの》城など諸城の構築に応じたものとみられる。

ところが、南部九州には中央政権の指示に容易に応じない大・小の勢力が存在することを、大王以下の政権の首脳部は、現地近くに臨んで、みずから実感することになったとみられる。海をへだてた朝鮮半島ばかりが敵対者でないことが、はっきりしてきたのである。とりわけ、ソ（曾・贈於）の勢力が、反政権的性格の中心的存在であることを確かめさせられることになった。私のこのような考えに示唆をあたえたのは、直木孝次郎氏の研究である（「神功皇后伝説の成立」）。

直木氏の研究の一部を紹介すると、つぎのようである。

神功《じんぐう》伝説には四世紀末ないし五世紀初頭の歴史的事実と合致しない部分が多く、七世紀以降、とくに推古天皇以後の史実との関係が深い。

とし、全体が一挙に作成されたのではなく、仲哀天皇の死去のことは斉明天皇の急死の事実から、新羅王の降服は推古朝における新羅征討の事実から、あるいは神功皇后の女帝的地位は、推古朝以降における女帝の頻出という一般的情勢から、というふうに徐々に形成されたものとされ、さらに、

神功伝説の大綱は、このように主として七世紀以降に成り、神功皇后は推古・斉明（皇極）・持統三女帝をモデルとして構想されたものとみて、大過ないと考える。

と結論している。このような直木氏の所説のうち、私がとりわけ惹《ひ》かれるのは、神功伝説が斉明女帝の史実と重なる部分があるとの指摘である。また、持統女帝をもモデルにしているとすれば、まさに『古事記』『日本書紀』の編述時期とも重なり、七世紀後期の歴史的現実が反映していることを、十分

に考慮しなければならないことにもなろう。

さらには、仲哀・神功によるクマソ征討記事には、クマソが新羅と結びついていたかのような記述があるが、現実にはそのような事実は確認できないまでも、中央政権が両者を敵対者として同一視している状況を、そこに読みとることができるように思われる。

その点では、神功伝説の背景には、斉明女帝の事蹟とその時期の内外の情勢が、色濃く反映している、と私は考えている。

クマソのソの勢力が、いかに反政権的であったかについては、その後の南九州の歴史の推移のなかで、さらに語らねばならない（第五章）。

第三章　「隼人」の呼称はどこからきたか

一　ハヤトの呼称をめぐる諸説

ハヤトの用字は、『古事記』『日本書紀』以下の史書では一般的に「隼人」である。ところが、『万葉集』などでは一部で「早人」も使われている。また、その読みはハヤトのほか、ハヤヒトもある。そのようなハヤトの呼称、あるいは名義についての議論は、江戸時代の本居宣長以来さかんである。国学者・歴史学者・民族学者のほか、諸学の分野から多くの説がとなえられている。しかし、いまだ定説といえるほどのものがない現状であった。

その原因を考えると、ハヤトの呼称・名義を、表相的にとらえる傾向があり、その歴史的性格を深く掘りさげて検討することが少なかったことにあるとみられる。たとえば、ハヤトという呼称がいつごろから用いられるようになったのか、それは当時の政治情勢とどのようにかかわっていたかということや、日本古代史において、ハヤトの存在がどのような意義をもっていたのかなどについての論及である。このような問題点を設定してみると、従来の諸説は、やはり不十分というほかはないであろう。

そこでまず、これまでのハヤトの名義についての諸説のうち、主なものをとりあげてみたい。

本居宣長はその大著『古事記伝』のなかで、つぎのように述べている。

隼人は、波夜毘登《ハヤビト》と訓べし、（中略）隼人《ハヤビト》と云者は、今の大隅薩摩二國の人にて、其國人は、絶《スグ》れて敏捷《ハヤ》く猛勇《タケ》きが故に、此名あるなり、（下略）

この宣長の説は、ハヤトの名義をその敏捷性に求めている。したがって、そこには『万葉集』に用いられている「早人」の語感をも、くんでいるとみられる。

つぎに、歴史学者喜田貞吉の説をとりあげてみよう。喜田は、宣長説を批判している。すなわち、古代の異族をよぶのに、その性状を形容したり、挙動をもって名とする例はなく、多褹《たね》人・阿麻弥《あまみ》人・国栖《くす》人・越《こし》人など、その住地の名をつける事実があることを指摘している。そこで「はや」の人と解すべきで、『新唐書』倭国伝に「又有㆓邪古、波邪、多尼三小王㆒」と記していることに注目している（『日向國史』上巻）。

ここに邪古の國史に所謂夜句《やく》人、多尼の國史に所謂多褹人なることは疑を容れず。而して其の中間なる波邪が、隼人を指せるものなること、亦疑を容れざるべし。

宣長の説を性行説とすると、喜田の説は地名説といえる。その性行説にも、ほかにいくつかの考え方があって多様である。たとえば、ハヤシビト（囃し人）の意だとする説、ハイト（吠人）の意だとする説などがある。また、地名説にしても、南方をハエとする古語にもとづく南方人の意だとする説がある。この場合は地名説とするよりも、つぎにとりあげる方位説にも近い。

方位説では、考古学者駒井和愛《こまいかずちか》の説がある。駒井は中国の四神思想と結びつけている。四神は東西南北にそれぞれ青竜《せいりゅう》・白虎《びゃっこ》・朱雀《すざく》・玄武《げんぶ》（亀・蛇）を配し、これらの動物がその方位をつかさどるものと考えられている。たとえば、平城京造営にあたって、和銅元年（七〇八）二月の元明天皇の詔には、つぎのようにある。

方《まさ》に今、平城《へいぜい》の地、四禽圖《しきんと》に叶《かな》ひ、三山鎭《しずめ》を作《な》し、亀筮《きぜい》並に従ふ。都邑《といふ》を建つべし。

四禽は四神のことで、東に流水のあるのを青竜、西に大道のあるのを白虎、南に汙地《くぼち》のあるのを朱雀、北方に丘陵のあるのを玄武としている。また、平城の地は、東の春日山・西の生駒《いこま》山・北の奈良山の三山が土地を鎮めていることが、亀卜《きぼく》・筮占《ぜいせん》に合っている、というのである。

ここにみられるように、四神思想は八世紀初頭までには定着していたことがわかる。ところで、この思想をもう少しさぐっていくと、中国の古典『周礼《しゅらい》』を注釈した後漢の鄭玄《じょうげん》（一一七～二〇〇）は、「朱雀」を「鳥隼《ちょうしゅん》」にあてはめている。その鳥隼が隼人に関係しており、名称に結びついたのではないか、というのが駒井説の大要である（「熊襲・隼人考」）。

この駒井説に対し、民族学者大林太良はつぎのように述べている。

中国の四神の場合、四方の観念が基調にあるのに、日本の場合、四方の観念がなく、むしろ三方向の異種族ないし敵という表象が基礎にあると考えられるからである。（中略）筆者の考えを結論的に言えば、隼人、熊襲、蝦夷という名称は、その用字によって天、陸、水の宇宙三界を表現していると考えられる。（下略）

さらにつづけて、『古事記』の神武東征伝説に、亀・熊・八咫烏《やたがらす》という三種の動物が登場するが、蝦夷・熊襲・隼人の三異種族も同じような分類観を背景としたものといってよい、ともいっている（「民族学から見た隼人」）。

以上、ハヤトの呼称・名義についての主ないくつかの説を紹介してみたが、その根拠については明確さを欠くものが多い。そのなかで、地名説などは一見して合理的である。しかし、南九州には歴史をさかのぼっても、ハヤの地名は見出されない。現在、鹿児島県霧島市に隼人町がある。しかし、この町名は昭和四年（一九二九）に西国分村から改称したものである。

また、『新唐書』の「波邪」は、ハヤトから逆に生じたものとみることができる。というのは、この書の成立は一一世紀であり、日本側の古代諸文献に見えるハヤトから、そのような地名が存在すると考えたものであろう。

さらに、南風を意味する「ハエ」は、古代まではさかのぼらない用語であり、その点では、東風を意味する「コチ」とは異なる。

二　四神思想と「隼人」

前節でとりあげたハヤトの呼称・名義の問題に接近する有効な方法は、ハヤトの用語がいつごろから使われはじめたのか、そして、その時期は歴史的にどのような状況にあったのか、という二つの点を明らかにすることであろう。

『日本書紀』に、「隼人」が具体的な姿を見せて登場するのは、七世紀も末に近い天武朝である。『古事記』『日本書紀』には、天武朝以前にもハヤトは出てくる。後述する神話もその一例である（第九章）。また、第一章でもとりあげたように、履中・雄略・欽明・用明の各天皇の記事に関連しても出てくる。しかし、それらはいずれも両書の編纂時に用語を統一したものである。その点では、遡及的用語であり、その記事内容にも造作された部分があることに注意をはらわねばならない。

天武朝に登場するハヤトのようすについては、次章でとりあげることになるが、天武朝は古代の一大画期であったことにも少しふれておきたい。

前章で述べたように、斉明朝には朝鮮半島白村江での唐・新羅連合軍との対戦、そして大敗、さらに天智朝では防備態勢に追われるという、東アジア情勢のなかでの危機的状況があった。また、天智の死後は皇位継承をめぐって、大友・大海人《おおあま》両皇子が争うという、古代最大級の内乱、壬申《じんしん》の乱がおこった（六七二年）。その結果、大海人が勝利して即位し、天武朝が実現したのであった。

このような推移の概略からもわかるように、大王天武は対外・国内の危機を乗りきったばかりでなく、みずからの力によって政権の最高位についたのであった。斉明朝における大海人の動向については、必ずしも明らかでないが、母の斉明、兄の中大兄（天智）のそばにあって、みずからも難局の打開にあたったことは、ほぼ想像できる。

その天武が大王位についたのである。そこで構想されたのは、強力な国家の建設であった。のちの天皇中心の律令国家体制づくりへと、大きく踏み出したのである。政策の細部についてはふれないことにするが、大王から天皇へ、倭から日本へ、という天皇号・国号が天武朝（あるいは後継者の持統朝）に成立したとするのも、その背景は十分に考えられることである。国号には、東アジア世界のなかでの自立した国家意識が、また天皇号には、北極星を神格化した宇宙の最高神、天皇大帝（＝昊天《こうてん》上帝《じょうてい》）の意があり、新国家の主権者意識が表出している。さらに、大宝律令に直結する、最初の体系的法典として浄御原令《きよみはら》が制定されている。

自立した国家の主権者＝天皇が目標としたのは、大国の唐帝国であった。そこで策定されたのは、日本的中華国家の建設である。天皇を中国の天子・皇帝に模し、天皇のもとに皇親・中央貴族・地方豪族による支配機構を組織し、その配下に人民を置く。まず、この支配系統を固めて、天皇の教化のおよぶ領域を中華（夏華）とする。中華は世界の中央に位置する大国（夏華）であり、文化国家である。そして、つぎには周辺に四夷《しい》、すなわち東夷《とうい》・西戎《せいじゅう》・南蛮《なんばん》・北狄《ほくてき》を配置して、朝貢国とすることである。この四夷に仮託されたのが、隼人・蝦夷であり、さらに南島であった。また、ときに堕羅《だら》・舎衛《しゃえ》（いずれも東南アジア）がそれにあてられている（『令集解』職員令玄蕃寮の諸注釈）。

四神とハヤト

ところが、ハヤトの場合は夷狄ばかりでなく、四神の一つにも仮託されていて、四夷の他の例とは異なる側面をもっている。その点では、前節でとりあげた駒井説は再考すべき示唆をあたえている。駒井説に天武朝以後の歴史的状況を勘案しながら、さらに四神思想の朱雀＝鳥隼について考えてみたい。

さきに、南方の守護神「朱雀」が、古くは「鳥隼」に由来することを述べたが、それを記した『周礼』の軍旗に関連させての「鳥隼を旟《よ》となす」との文言についての鄭玄の注には、「鳥隼は其れ勇捷《ゆうしょう》を象《かた》どる也」とある。旟とは隼《はやぶさ》（鳥名）を描いた赤旗のことで、行軍の際に建てて急速に事に趨《おもむ》く意をあらわすという。

この解釈からすると、「鳥隼」とは、じつは隼のことで、赤旗に描かれた隼は、勇捷と急速な行動を表象していることになる。すなわち、「朱雀」は、もとは勇捷・敏速を性とする隼のような軍事行動を示す赤旗に由来することになろう。この考え方をハヤトにあてはめると、「隼」の役を「人」に託したのが「隼人」の意であることが、おのずから明らかになってくる。

すでに述べたように（第一章）、用明紀ではハヤトは「兵衛」と同一視されていた。いっぽう、後述する神話では（第九章）、「天皇の宮墻《みかき》の傍を離れず」「昼夜の守護人」となっている。もっと確かなところでは、令制では隼人司は衛門府に属して、宮門の守衛を任とすることになっており、その後の改編でも兵部省の配下に入っている。ハヤトの名義は、このようにきわめて軍事的であり、その背景には、新国家建設をめざしていた天武朝の政治的配慮がはたらいていたと思われる。

四神思想の伝来

ところで、四神思想はいつごろ日本列島にもたらされたのであろうか。

文献では、『続日本紀』大宝元年（七〇一）正月条に、つぎのようにある。

天皇（文武）、大極殿《だいごくでん》に御《おは》しまして、朝（朝賀）を受けたまふ。その儀、正門に烏形《うけい》の幢《はた》を樹《た》つ。左は日像・青龍・朱雀の幡《はた》、右は月像・玄武・白虎の幡なり。蕃夷《ばんい》の使者、左右に陳列す。文物の儀、是《ここ》に備れり。

この記事では、正月元日の朝賀の儀に四神の幡が樹てられ、四神が天皇・朝廷を守護するとの意識がはっきりと表現されている。そこに蕃夷（この場合は新羅か）の使節も参列させられているのは、天皇権力の示威でもあろう。四神思想は八世紀初頭には、朝廷上層部の間にこのように定着している。まさに、「文物の儀、是に備れり」、といえよう。

その四神思想の日本列島への伝来とその軌跡をたどると、それより一世紀以上前にさかのぼる。四神像を描いた最古の遺構は、福岡県鞍手《くらて》郡若宮町所在の竹原古墳の壁画で、六世紀後半の築造とされている。壁画は部分的に不明瞭な箇所もあるが、右奥壁に朱雀が描かれ、左奥花崗岩の上に玄武と推定される図像、奥壁に騎竜（馬に似た竜）らしきものが描かれている。この古墳の立地からすると、朝鮮半島からの伝来であろうという。

七世紀後半の、白鳳期の代表的仏像とされる奈良薬師寺本尊には、その台座に四神図が描かれている。また、ほぼ同じ時期とみられる奈良県明日香《あすか》村の高松塚・キトラ両古墳の四神像の壁画はよく知られるようになった。とりわけ、キトラ古墳では朱雀像がひときわ目立つ。全体が朱色で、いまにも飛翔しようとする鳥の姿をみごとに描き出している。朱雀像がこれほど鮮明に確認できたことは、古墳壁画ではいままでなかった。

図4　キトラ古墳の朱雀図（「明日香風」80号より．猪熊兼勝原図）

キトラ古墳の築造は、天武朝からややくだり、七世紀末か八世紀初頭だとみられているが、藤原京の中心、天武・持統合葬陵、高松塚、キトラ各古墳が一直線に並ぶことに注目したい。この直線を「聖なるライン」とする見方もある。私は、このラインは天武に発して持統にひきつがれ、北では藤原京造営に、南では高松塚・キトラ両古墳に帰結している四神思想ラインであろうとみている。

藤原京が、香久《かぐ》・畝傍《うねび》・耳成《みみなし》の三山を広く抱括して大規模に構築されていたことが明らかになってきたが、その藤原京は四神に守られているという観念も、他方ではあったとみられる。というのは、前節でとりあげた平城京の占地にあたって、「四禽圖に叶ひ、三山鎮を作し、亀筮並に従ふ」と記されていたことを想起したい。四禽（四神）と三山は、宮都の占地では一体化していたのである。

このような思想が、天武朝を一つの画期として強く意識されるようになり、南九州の住民を「隼人」とよぶ契機となった、と私は考えている。

三　赤色に彩られたハヤト

南九州の住民ハヤトが、七世紀も末に近い天武朝からにわかに具体的な姿を見せるようになったことは、その一部をこれまでにとりあげた。また、次章以降で、やや詳しく述べることにもなる。

天武天皇と赤色

その天武天皇とハヤトの周辺には、赤色（朱・丹）があちこちに目立つ。前節で、「朱雀」より古い用語「鳥隼」は、赤色の軍旗であったことを指摘したが、じつは天武も大海人皇子として壬申の乱を戦ったとき、絳旗《こうき》（赤旗）を用いていた。

『古事記』序文には、天武（大海人）は虎のように武威堂々と軍を進められ、「絳旗兵《つはもの》を耀《かがや》かして、凶徒《きようこ》（近江軍）瓦《かはら》のごとく解《と》けき」とある。また、柿本人麻呂は歌のなかで、「虎か吼《ほ》ゆると　諸人《もろひと》の　おびゆるまでに　捧げたる　幡《はた》の靡《なびき》は　冬ごもり　春さり来れば　野ごとに着《つ》きてある火の　風の共《むた》　靡くがごとく」（虎が吼えるのかと人びとがおびえるほど、捧げもった旗のなびくさまは、春先に野ごとにつけてある火＝赤色が風と共になびくように）、と詠んでいる（『万葉集』一九九）。

天武（大海人）と赤色の軍旗は、当時の人びとの間では、きわめて印象的であったようである。その軍旗が「鳥隼」に由来することを考えると、四神の「朱雀」に「隼人」をなぞらえ、軍事的任務を負わせようとしたことも、おのずと結びついてくる。

ちなみに、天武はしばしば「虎」にたとえられている。『古事記』序文、柿本人麻呂の歌のほかに、『日本書紀』では壬申の乱の前夜に、出家して吉野におもむく大海人の姿を見て、ある人が、「虎に翼を着けて放てり」といったとある。天武の個性を示す「虎」は、また天武の好むところでもあったかと、私は考えている。その勇猛ぶりはいうまでもないが、虎は四神の「白虎」であり、白色とかかわる。ここに、赤とともに白にかかわる天武朝の年号・瑞祥《ずいしよう》（めでたいしるし）をあげると、つぎのようなものがある。

天武元年に赤雀が献上され朱雀元年とする。二年に白雉《きじ》が献上され白鳳《はくほう》元年とする。六年に赤鳥献上、九年に白巫鳥《しろしとと》献上、九年に朱雀が南門に見つかり、一〇年に赤亀献上、一五年赤雉が献上され朱鳥元年とする（『日本書紀』および『扶桑略記』）。

瑞祥の出現は、天皇の徳治を示すものであるが、天武の場合は四神思想も意識しているのでもあろう。とりわけ、朱雀と南門に注目すると、この前後から朱雀門の名称が使われたのではないかとみられる。藤原宮では「皇城門外朱雀路」の用例があるので（『続日本紀』）、皇城門を朱雀門と呼んだことは、ほぼ確実であろう。

ハヤトと赤色

つぎに、ハヤトの周囲の赤色をみてみよう。まず、海幸・山幸神話で、ハヤトの祖とされる兄の海幸が、弟の山幸に服従する場面に、「赭《そほに》（赤土）を以て掌《たなうら》に塗り、面《おもて》に塗りて」とあり、赤土を手のひらと顔に塗って、俳優《わざおぎ》の民《たみ》となって仕えることを誓っている。これが、本来のハヤトの習俗かどうかの見極めは容易でないが、少なくともハヤトが呪力を発揮することと無関係ではないと思われる。

ついで、ハヤトが隼人司に属して朝廷の諸儀式に参加するときの服装がある。その際にハヤトが身につけるものに、頭部の耳形鬘《ばん》（髪飾り）と肩巾《ひれ》がある。前者の耳形鬘を具体的に知ることはできないが、その材料は白赤木綿とあるので、白赤に彩りされていたことがわかる。後者の肩巾は領巾とも書かれるもので、古代の女性が一枚の白布を肩から左右に垂らして装飾的に用いたものである。

肩巾は、絵画・彫刻にその着用例を見出すことができる。たとえば、正倉院の「鳥毛立女屏風《とりげりゆうじよびようぶ》」、薬師寺の「吉祥天画像」、法隆寺五重塔の塑像《そぞう》群などである。その肩巾は、単なる装飾ではなく諸種の呪力を発揮するもので、羽衣《はごろも》伝説の羽衣もその一種のようで、自由に空を飛ぶ呪力をもつことが語られる。『万葉集』（八七四）では佐用姫《さよひめ》が肩巾を振って船を引き戻し、『古事記』では須勢理《すせり》姫が夫に肩巾を振らせて蛇・呉公《むかで》・蜂の危難からのがれさせている。

その肩巾は白色であることが一つの条件で、『万葉集』では、「白雲」「鷺《さぎ》」「白浜」などに懸けて詠まれてもいる。ところが、ハヤトが儀式で用いたものは緋帛《ひはく》肩巾であった。緋は赤色のなかでも燃える火のような色であり、一般的な白色の肩巾とは、大いに異なっていた。

さらに、儀式で用いた隼人楯がある。この楯は、上下の連続三角文（鋸歯《きょし》文）と中央部の渦巻《うずまき》文に赤色が目立つように描かれて使われている。いずれもハヤトの呪力を示す色であろう。

このようにハヤトの周辺には赤色が随所に見られる。そこには、四神の朱雀になぞらえられたハヤトの可視的な姿が見出されるようである。

写真5a（上）平城宮跡から出土した「隼人楯」（原型模型）
写真5b（下）彩色して復元した「隼人楯」

第四章　天武・持統朝とハヤト

一　飛鳥に姿をあらわしたハヤト

これまでのところでも一部で指摘してきたように、天武朝はハヤトにとって一画期である。ここでは、あらためて天武朝とそれにつづく持統朝におけるハヤトの様相を、総括的にみてみたい。

ハヤトの初登場

ハヤトが史上にその具体的な姿をあらわすのは、天武一一年（六八二）七月のことである（『日本書紀』。以下もとくに断らない限り同書による）。そこにはつぎのようにある。

隼人、多く來て、方物《くにつもの》を貢ぐ。是の日、大隅隼人と阿多隼人と、朝庭《みかど》に相撲とる。大隅隼人勝つ。

ハヤトの初見記事にしては当初から「方物（地方の産物）を貢ぐ」という、朝貢関係を示している。すでに指摘したように、『古事記』『日本書紀』には、この記事以前にハヤトは記述されていた。しかし、それらのハヤト記事は、天武朝にはじまる「隼人」の呼称を遡及させて用いたもので、両史書編纂時の造作とみて、ほぼまちがいないであろう。

それにしても、この時期の朝貢はどう解釈すればよいのであろうか。じつは、これより約五年前から、中央政権は多禰島《たね》（種子島）の人びとと接触しており、朝廷からは使者を派遣してもいる（第七章）。そこには、南九州本土を南からも包囲して、支配領域に組み込もうとする意図があったとみられる。その意図がようやく実現しつつあったのであろう。

また、この記事に見える大隅・阿多とは、南九州本土の南半にあたる大隅半島、薩摩半島を、ほぼさしているとみられる。その両半島でもそれぞれの拠点となっていた地域は、大隅半島では志布志湾南西部に河口をもつ肝属《きもつき》川の中・下流域であり、薩摩半島では西岸部に河口をもつ万之瀬《まのせ》川下流域である（先年「阿多」と書かれた九・一〇世紀ごろの刻書土器が万之瀬川下流域の金峰町小中原《こなかばる》遺跡から出土し、古代の阿多の地を示す物的証拠が検出されている）。したがって、朝貢関係があったといっても、南九州でも限定された一部地域との関係である。

朝貢した両地域のハヤトが「朝庭に相撲とる」とは、一見して奇異な感じをあたえる。おそらくその相撲は、ハヤトの神事に由来するもので、ここでは服属儀礼として奉納されたものとみられる。のちには、服属儀礼として風俗歌舞・土風歌舞が演じられることになるが、相撲はその先駆をなすとみられる。なお、ここでは方物の内容は明らかでない。

ハヤトは、南九州の古代住民をさす用語として以後使われるようになるが、ほぼ七世紀末までは、大隅・阿多で区分されるのがハヤトの世界であった。ところが、八世紀になってこの地域に国制がし

写真6　飛鳥寺の西の一帯（下手前は「入鹿の首塚」）

かれるようになると、国名を冠した名称に移行していくことになる。

さて、ハヤトたちの朝貢に対して、朝廷では饗応・賜禄で対応している。朝貢から二十余日後のことで、その場所は明日香（飛鳥）寺の西で、種々の音楽の演奏もともなっていたと記されている。飛鳥寺の西には神木とみられる槻《つき》（けやきの古名）の大木が生えていたらしく、その下が大王の支配領域外の化外民《けがいみん》の饗応にしばしば利用されている。相応の広場があったと想定されていたが、発掘調査によって、飛鳥寺の北西隅にあたる石神《いしがみ》遺跡と一致することがほぼ確かめられた。調査によると、広場には園池があり、噴水施設もあった。かつて明治時代に石神遺跡の地から須弥山《しゅみせん》石と称する石造物が出土しており、その石造物が園池の噴水に用いられていたこともわかってきた（この広場は、さらなる調査で南への広がりが確認されている）。須弥山は、仏教世界の中心にそびえ立つという高山である。その須弥山をかたどった石造物が飛鳥寺の西の地に設置され、盂蘭盆会《うらぼんえ》などの仏教行事も行なわれていた（斉明三年七月条）。とすると、この一帯は飛鳥のなかでも、宗教的雰囲気をただよわせていた一角であり、そのような場所でハヤトたちは饗応を受けたことになる。なお、須弥山石はいま国立飛鳥資料館に展示されている。

天武朝には、種子島より南の奄美《あまみ》大島の人びとも来朝しているが、これら南島人の動向については、あとでまとめてとりあげることにしたい（第七章）。

ハヤトは、天武朝につづいて持統朝にも朝貢している。持統三年（六八九）には、筑紫大宰《つくしのだざい》（のちの大宰府で、その長官）の粟田真人《あわたのまひと》が、「隼人一百七十四人、幷《あわせ》て布五十常《きだ》、牛皮六枚、鹿皮五十枚を献《たてまつ》る」との記事が見える。この記述の「献る」の語意は、筑紫大宰が南九州の住民に命じて朝貢をうながしたことを示したものであろう。このころから、ハヤトの朝貢に筑紫大宰が介在するようになった。

また、この記事によってハヤトの貢物もわかる。布は麻布で、常は長さ一丈三尺を単位としたものである。そのほかの牛皮・鹿皮とともに、南九州の産物（方物）として朝廷側が要求したものであろう。

仏教の弘布

ついで持統六年（六九二）には、筑紫大宰率《そつ》（長官）河内王などに詔して、「沙門《ほうし》を大隅と阿多とに遣はして、仏教を伝ふべし」とある。南九州への仏教弘布である。ハヤトの教化・懐柔に仏教を利用しようとした意図が読みとれるが、ここでも筑紫大宰が介在しており、朝廷の対ハヤト策の「御先棒」としての姿が、しだいに明確になってきている。

このころ、蝦夷《えみし》のなかから出家者が出たり、蝦夷の僧に仏像・仏具などを賜与する記事もあるので（持統三年）、列島の南北の化外民に対する共通した政策とみることができよう。

持統朝は、天武の諸政策を継承して国家体制の確立期に入ろうとしていた。持統三年（六八九）六月には、天武が定めた浄御原令が施行され、律令国家成立へ確実に歩を進めていた。その基本となる班田制も、持統四年の庚寅年籍《こういんねんじやく》をうけて、同六年に支配領域内では実行に移されたとみられている。

そのような政治の大きなうねりが、南九州のハヤトにも確実におよびつつあった、といえそうである。また、天武朝には、『古事記』『日本書紀』の編纂事業がはじめられていたことは、注意しておきたい（後述）。

二　ハヤト勢力の分断と畿内移配

天武・持統朝には律令国家成立に向けての諸施策が進行していた。そのなかでの重要課題の一つが、支配領域をどこからどこまでとするかであった。具体的には、南のハヤトの居住域と北の蝦夷の居住域への対応である。これらの地域の人びとは、いまだ天皇の徳化・教化の不十分な化外民であった。

ハヤトと蝦夷の移配

化外民を徳化するために、朝貢を強制する方策がまずとられた。ハヤトについては前節で述べたが、蝦夷もほぼ同様である。つぎにとられた方策が移配であった。ハヤトを原住地から切り離して、畿内を中心に集団移住させたのである。それは、ハヤト勢力を分断して、その勢力削減をはかるという、一つの意図があったが、そればかりではなかったようである（後述）。なお、順化した蝦夷である俘《ふ》囚《しゅう》にも移配政策がとられたが、俘囚の場合は畿外を原則としているようで（少数は例外あり）、『延喜式』の俘囚料などの負担国の分布によると、畿内を除いて関東・北陸から九州の諸国にわたっている。

ハヤト（前身）の畿内移住は、五世紀ごろから個人的・分散的には行なわれていたとみられる。それは、主に日向の諸県君《もろかたのきみ》の仲介によるもので、大隅直《あたい》一族がヤマト王権と政治的同盟を結んだ証《あか》しでもあったとみられる。

ところが、七世紀後半から末葉にかけてはハヤト勢力分断をはかっての、集団的強制移配が行なわれた、と私はみている。畿内に移配されたハヤトやその後裔とみられるハヤト（畿内ハヤトと仮称する。いっぽう、南九州に残留したハヤトを、以後は本土ハヤトと仮称する）は、「山背《やましろ》国隼人計帳」（正倉院文書）以下、『延喜式』『新撰姓氏録』などの古代文献、『康富記』（一五世紀中ごろの、権大外記中原康富の日記）などの中世文献にいたるまで諸書に見える。

ハヤトの移配地分布

これら諸書に見えるハヤトの移配地は、いわゆる五畿内（大和・山城・河内・摂津・和泉）を主としながら、周辺の近江・紀伊などの諸国におよんでいる。その範囲は、大化改新の詔《みことのり》で「畿内」についてふれて、東は名墾《なばり》（伊賀の名張）の横河、南は紀伊の兄山《せのやま》（背山）、西は赤石《あかし》（播磨の明石）の櫛《くし》淵《ぶち》、北は近江の狭《さ》狭《さ》波《なみ》の合坂山《あふさかやま》（逢坂山）としていることに近い。したがって、ハヤトの移配地は、のちの五畿内からはいくらかはみ出ても、七世紀後半期の「畿内」にはほぼ合致するのではなかろうか。

また、具体的にその場所のわかる『康富記』を主にして、ハヤトの移配地（図5）の地理的共通点をあげると、いずれも畿内の主要河川・主要道ぞいに立地していることである。すなわち、紀ノ川（吉野川）・大和川・淀川・木津《きづ》川・宇治川・保津《ほづ》川などの流域に近いことである。河川が交通の一手段でもあった古代においては、移配地は畿内の要地に位置していたことになろう。

かつて私は、移配地の近辺にミヤケ（屯倉）・イヌカイ（犬養・犬飼）などの地名が多いことから、屯倉を守衛する犬養部と移配地との関連を見出そうとしたことがあった。それは、ヤマト王権の屯倉が畿内では主要河川・主要道ぞいの要地に立地することからの符合であった。

ところで、ハヤトの集団的移配を主に天武朝と推定したのであるが、それを一五世紀成立の『康富記』を主にしてその移配地を確定しようとするのは、時期的にも懸隔がある。もっと同時代に近い史料はないのであろうか。

それにあたる記録の一つは、『日本書紀』にある。天武一四年（六八五）に、前年に定めた新しい姓《かばね》の制（天武八姓）によって一一氏を改姓した記事がある。この一一氏は、いずれも氏の名からみて畿内に在住していたとみられ、一〇氏は連《むらじ》姓を改めて忌寸《いみき》姓を賜与されている。そのなかの一氏に大隅直が見え、例外的に直《あたい》姓から忌寸姓になっている。この大隅直は、おそらくこれ以前に南九州から移住したハヤトの首長層一族であろう。

図5　畿内におけるハヤトの移配地

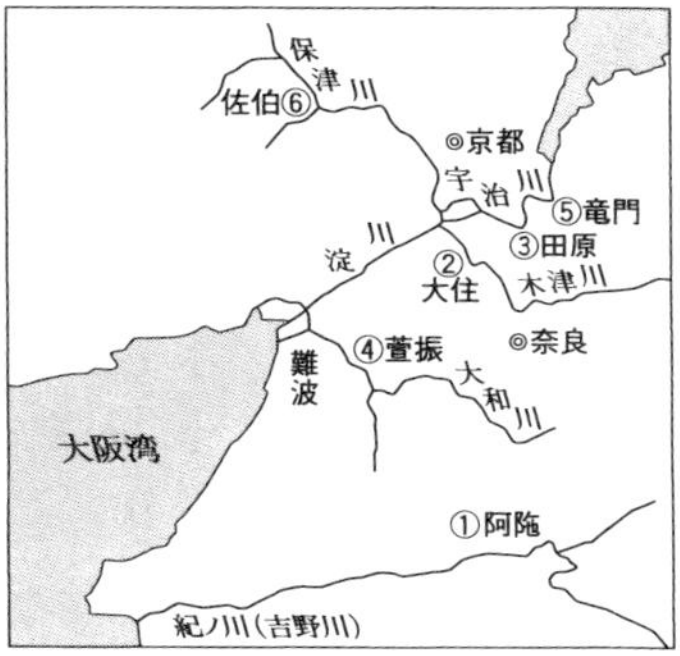

①大和国宇智《うち》郡阿陁《あだ》郷（現在、奈良県五條市）
②山城国綴喜《つつき》郡大住郷（現在、京都府京田辺市）
③山城国綴喜郡宇治田原郷（現在、京都府綴喜郡宇治田原町）
④河内国若江郡萱振《かやふり》保（現在、大阪府八尾市）
⑤近江国栗太《くるもと》郡竜門（現在、滋賀県大津市）
⑥丹波国桑田郡佐伯郷（現在、京都府亀岡市）

もう一つは、「山背国隼人計帳」（歴名）と称されている正倉院文書である。八世紀前半の天平期のものとされる計帳（計帳作成のための手実《しゅじつ》＝申告書に近いものか）である。断簡ではあるが、そのなかに「隼人」「隼人国公」を氏の名とする者が八一名、ほかに「大住忌寸」を氏姓とする二名もいる（「山城」は、奈良時代までは「山背」と表記されていた）。

この大住忌寸の氏姓をもつ二名は、さきに天武一四年に賜姓

写真7　ハヤトの移配地（京都府京田辺市大住の月読神社）

された大隅忌寸の系譜をひくものであろう。また この計帳は、『康富記』に記されていたハヤトの移住地の一つ、山城国綴喜《つづき》郡大住《おおすみ》郷（現、京都府京田辺《きょうたなべ》市大住）のものとみて、ほぼまちがいないであろう。「大隅」から「大住」と字を変えたのは、好字を選んだのでもあろうか。いま、この大住集落では、近くの式内社月読《つきよみ》神社の境内で、毎年一〇月中旬に隼人舞を奉納している。

そこで考えてみたいのは、南九州本土から移配された大隅ハヤトは、その当初からこの地に居住したのか、ということである。というのは、大隅ハヤトの系譜につながる一族は天武朝より前に移住し、大王・王子の近習として活躍したことが散見されていた（前述）。とすると、山城国大住郷では当時の宮都からはやや遠い。五

～六世紀の宮都のほとんどは河内にしろ大和にしろ、大和川（飛鳥川）水系の地域である。そう考えた私は、大和耳成《みみなし》山の東に「大隅」という集落を見出し（現、橿原・桜井両市境付近）、実地に踏査も試みたことがあった。ここはかつて、奈良盆地にある国名をもつ地名の一つとして、柳田国男がとりあげ、直木孝次郎氏が同じ関心にもとづいて指摘もされているが、「大隅」の場合、その歴史的背景については、もう一つ明らかでない（直木「国名を持つ大和の地名」）。

それでも、飛鳥の北に位置し、河内とは横大路・竹内峠で結ばれている、その立地は捨てがたいものをもっている。いまのところ推測の域を出ないが、山城国大住郷とともに大隅氏の畿内における拠点の一つと考えてみてもよいのではなかろうかと思っている。また、宮都が北に遷った奈良時代以後に大住郷を主拠点とするようになり、氏の名も「大住」と改字したのではなかろうか。

いまは、山城国大住郷について考えてみたのであるが、『康富記』など諸書が記すハヤトの移配地のそれぞれを、古代を通じて変わらなかったものとして固定的にとらえることには問題もあろう。宮都の変遷は、拠点となる移配地の変遷をともなうことも、配慮する必要があろうかと思っている。

それは、畿内ハヤトが隼人司に属して上番し、朝廷の諸儀式に参加することになっているという、その職掌からもいえることである。畿内ハヤトと隼人司については、さらに第八章でとりあげたい。

三　被征服民ハヤトの苦悩

長途の朝貢

天武朝に、大隅ハヤトと阿多ハヤトは宮都の地、大和の飛鳥まで朝貢していた。貢献するための布・牛皮・鹿皮などの方物と食料を背に、片道約四〇日の長途である。

平安時代の一〇世紀前半に成立した法律書『延喜式』によると、大隅・薩摩から大宰府まで、「上十二日、下六日」とある。調《ちょう》・庸《よう》などの税の品々を担いでの上《のぼ》り一二日の行程、身軽になった下《くだ》りは六日の行程だとされていたのである。大宰府から京都までは、同じく上り二七日と下り一四日となっている。この行程を合計すると、大隅・薩摩の国府から京都までは上り三九日となり、約四〇日が必要となる。なお、大宰府から京都までの間を瀬戸内海の海路をとると、三〇日（上り・下りの合計か）ともある。

大和飛鳥までと京都まででは、さほど差はないであろうから、天武朝のハヤトの朝貢行程を考える目安となろう。天武朝にもう少し近い時期、八世紀前半の「薩摩国正税帳」にも参考になる史料がある。そこでは、薩摩国府から大宰府まで鹿皮・甘葛煎《あまづらせん》（甘味料）などを運んだ担夫の食料を、上り一〇日分・下り九日分として支給されており、上・下の合計では『延喜式』より一日多くなり、上りだけとると二日少なく、上・下の差は一日である。『延喜式』の行程日数は、下り日数を単純に上りの半分にするという、机上の計算が目立つ。その点では、「薩摩国正税帳」の行程日数が実際に近いとみられる。

天武朝の実態からすると、もう少し配慮せねばならない点がある。それは、前記二史料は国府からの行程であったが、天武朝の大隅ハヤト・阿多ハヤトの拠点は、いずれも国府の地より南に位置しており、二日程度は多くかかったことが推測されるし、道路事情なども後代ほどではなかったとみられるからである。

行程の試算

ちなみに、人は一日にどれくらい歩けるのだろうか。

『養老令』（公式令）の規定によると、「およそ行程、馬は日に七十里、歩《かち》五十里、車三十里」とある。古代の一里は約五三二メートルとされるから、馬は一日約三七キロ余、歩行は約二六・六キロ、車は約一六キロとなる。いずれも、日数を重ねて連続して移動する場合の標準行程である。

この標準行程を、さきの「薩摩国正税帳」の担夫の歩行行程と比べると、どうなるであろうか。薩摩国府・大宰府間を、現在のJR時刻表でみると、それぞれの最寄駅の上川内《かみせんだい》駅・都府楼《とふろう》南駅間は二五五キロであるから、上りの一〇日では一日平均二五・五キロの歩行となり、下りの九日では一日平均二八・三キロの歩行となる。となると、『養老令』の標準行程「歩五十里」に近い数値となり、「薩摩国正税帳」の日数はやはり実際の例とみてよいように思われる。

ついでに、ＪＲ時刻表で算出した都府楼南駅・京都駅間の六七五キロを加えて、上川内駅・京都駅間の計九三〇キロを「歩五十里」で歩いたとすると、約三五日を要する、という試算もしてみた。

このような試算で得られた日数に、荒天などで歩行できなかった日数も考慮すると、片道約四〇日とすることは、概数的には認められるのではなかろうか、と考えている。

それにしても、片道四〇日間の行程を、方物（貢物）・食料を担いで、ほとんど着の身着のままで、野宿同然の連続旅であったことを考えると、被征服民ハヤトのあえぎが聞こえてきそうである。病人や死者も出たのであろうが、古代の史書には、それらの記事の片鱗さえもなく、何も語ってはくれない。

第五章　律令国家とハヤト二国の成立

一　朝廷の覓国使を脅迫

文武二年（六九八）四月のこととして、「務廣貳《むこうに》文忌寸《ふみのいみき》博士《はかせ》等八人を南嶋に遣はして國を覓《もと》めしむ。よつて戎器《じゅうき》を給ふ」という記事が、『続日本紀』に見える（以下、とくに断らない限り、出典は『続日本紀』である）。

務広弐とは役人の官位であるが、のちの正七位下に相当するので、役人の地位としては低い。文忌寸はもともと渡来系の一族で、古くから文筆をもって朝廷に仕えてきた。博士は個人名であるが、命名者はこの人物がすぐれた文筆能力をもつことを期待していたのであろう（博士は、別の箇所では「博勢」とも書いている）。

記事の文意は、朝廷が文忌寸博士ら八人を覓国使《べっこくし》（支配領域画定のための調査団）として南島に遣わし、武器を携行させた、というのである。南島とは、奄美・沖縄諸島を主とした南西諸島にほぼあたる。この記事からすると、七世紀末の朝廷では、南島を支配領域として、できれば国制施行をも計画していた可能性がある。しかし、その調査地域には不穏な情勢があることも予測されたので、武器をあたえて、それに備えさせたのである。

覓国使一行は、出発から一年七ヵ月後の文武三年一一月に帰朝した。そのときの記事には、つぎのようにある。「文忌寸博士・刑部《おさかべの》眞木《まき》ら南嶋より至る。位を進めること各差あり」。この記事によってはじめてわかることは、一行のなかに刑部真木という人物が加わっていたことである。刑部氏にはいくつかの系統があるが、この一族は朝鮮半島系の渡来人の出自をもち、覓国使のなかでは文忌寸博士につぐ地位にあったとみられる。

覓国使一行は国際派

このようにみてくると、覓国使の主要メンバーは渡来系の人びとであり、海外情報に通じた、いわば当時の国際派でもあろうか。おそらく朝廷では、かれらがもっている国際的知識・感覚を重視して覓国使に任命したのであり、南島が当時の東アジア世界に占める位置を的確に掌握し、それによって今後の施策を進めようと意図していたのであろう。

覓国使一行が、南島の状況について具体的にどのような報告をしたのかについては、伝えられていない。しかし、その報告によって以後の南島支配の基本線はほぼ定まったのではないかと考えてよいであろう。したがって、八世紀の対南島策の動向からそれを推察できるので、やがてとりあげることになる（第七章）。

ところで、覓国使一行には武器があたえられていたが、その予測された事態が、じつは南九州でおこっていた。文武四年（七〇〇）六月の記事には、つぎのようにある。

> 薩末《さつま》（薩摩）の比賣《ひめ》・久米《くめ》・波豆《はづ》、衣評《えのこほり》（頴娃《えの》郡の前身）の評督《こほりのかみ》（長官）衣君縣《えのきみのあがた》・助督《すけ》（次官）衣君弖自美《てじみ》、また肝衝難波《きもつきのなには》が、肥人《ひひと》らを従へて、武器を持つて覓國使刑部眞木らを剽劫《ひようきよう》（脅迫）す。ここをもつて、筑紫惣領（大宰に同じ）に勅して犯罪に準じて決罰す。

この記事を解釈すると、薩末比売・久米・波豆とは三人の女性名であろう。「薩末」を冠するところからすると、川内川下流域、のちの薩摩郡域を主に勢力をもっていた女性の呪術者たちとみられる。また、衣君は薩摩半島南端部の、のちの頴娃郡域の豪族で、一応は朝廷から認められて評（郡の前身）の役人になっていた一族であろう。さらに、肝衝難波は大隅半島先端部の肝属《きもつき》地域の豪族であろうが、かれは肥人という海民を従えていた。肥人は九州西岸の各地に拠点をもつ集団で、すぐれた航海技術をもっていたとみられる。覓国使たちは、それぞれの寄航地で脅迫されたのであった。その報告を受けた朝廷では、加害者たちを処罰させたのである。

三ヵ所で脅迫

この一連の記事を分析すると、覓国使たちは薩摩・頴娃・肝属の三地域の勢力によって剽劫されているが、これら諸勢力が結束して行動をおこしたとみるよりも、三ヵ所で個別に寄港・上陸を拒否するような脅迫を受け、抵抗されたことを、まとめて記したと考えられる。

というのは、覓国使一行は前年一一月に帰朝しており、その後に調査報告書が提出されたとみられる。その報告書のうち、剽劫事件に関連する部分が、この記事に摘記され、その処分にも言及しているのであろう。とすると、南九州の三地域との関連もわかりやすくなってくる。すなわち、覓国使一行の船は、瀬戸内海から九州西岸を南下する航路をとり、この三地域に寄港しようとしたのである。

しかし、それぞれの寄港地で剽劫されたのであった。九州西岸の航路をとれば、薩摩半島西岸の阿多ハヤトの拠点、万之瀬川下流域にも寄港したことが十分に考えられる。ところが、そこで抵抗を受けたような記載はない。すでに、大隅ハヤトとともに阿多ハヤトは朝廷に服属し、朝貢関係にあったからであろう。それにしても、評制がしかれていた頴娃地域の衣君一族で、長官（評督）・次官（助督）の役にあった者が、剽劫の主体となって加わっているのは、南九州の評制が、郡制の前身としてはそれほど安定したものでないことを示唆している。

ところで、南島に遣わされた覓国使が、なぜ南九州本土で剽劫されたのであろうか。そこには、この覓国使のもう一つの目的が、見え隠れしている。一行には、南九州本土での国制施行に向けての調査も付託されていたとみられることである。すでに、大隅・阿多両ハヤトの地域は朝廷に服属していたが、剽劫事件に加わった沿海諸地域はいまだ朝廷との関係が不安定であった。その沿海諸地域との安定的関係の構築をはかることが、朝廷の当面の課題であった。覓国使に託されたこの課題は、現地で拒否されたことになる。

その拒否行動に対し、朝廷では筑紫惣領をして処罰するという、強権行動をとった。大宰府の前身は、朝廷から南九州の豪族に対しての懲罰権をも付与されたことになる。大宰府が、以後、南九州の支配にどのように介入してくるかは、次節で見とどけたい。

ここでもう一度、さきの記事をみると、剽劫されたのは刑部真木らであって、文忌寸博士の名が記されていない。この記述からすると、覓国使の大使格であった文忌寸博士らは南島に直行し、副使格の刑部真木らが南九州本土に寄港し、調査にあたることになっていたことが推察されよう。すなわち、一行は少なくとも二船に分乗し、それぞれの目的に応じて行動し、ときに合流したとみられる。

覓国使剽劫事件は、律令国家確立を目前にした中央政権の動きと、南九州への支配強化を察知した諸豪族のせめぎ合いを、かいま見せる事件であった。

二　ハヤト支配の手先・大宰府

これまでの叙述のなかで、しばしば顔を出していた大宰府の前身、筑紫大宰・筑紫惣領は、以後もハヤト支配とかかわってくる。その大宰府について、この辺で少しまとめてみておきたい。また、そのかかわりについても概観してみよう。

大宰府の前身、筑紫大宰は七世紀初頭の推古朝ごろから『日本書紀』に見え、その立地から対外関

写真8　大宰府史跡の中心部（発掘調査前）

係の業務にあたっていたが、七世紀後半になると、筑紫惣領（総領）・筑紫都督府などとの名称も散見する。筑紫ばかりでなく、吉備《きび》・周《す》防《おう》・伊予《いよ》など瀬戸内海沿岸部に「大宰」は置かれていたことから、対外関係の要地の役所としての性格が考えられる。それが「惣領」となると、長官名を示すとともに広域支配の機関ともなり、「都督府」となると軍事的組織としての意味合いが強くなろう。

　大宝令とそれを継承した養老令になると、大宰府は筑紫（現、福岡県太宰府市）にのみ置かれ、筑前国の政務を兼帯し、外国使節との交渉・接待、海辺防備などにあたった。令の規定には、西海道（九州）の九国三嶋（壱岐・対馬・多褹《たね》三嶋で、国に準じる）を惣管する文言は見出せないが、さきの外交・軍事と一環をなすものとして、西海道を支配する中央政権の出先機関となっていた。したがって、「大君の遠《とほ》の朝廷《みかど》」とよばれる性格をもっていた。しかし、その機能は中央政権の施政を実施することであったから、行政権の行使であり、みずから事にあたって専決することは、ほとんどなかった。

その大宰府が、八世紀以後もハヤト支配や薩摩・大隅両国の分立、さらにはハヤトの朝貢などに、朝廷の出先機関として諸施策の推進役をはたしていた。

三野・稲積二城を築く

七世紀末に、覓国使剽劫事件に加わった南九州各地の豪族層が処罰されたことは、すでに述べたが、その一年前（六九九年）には「大宰府をして、三野《みの》・稲積《いなつみ》二城を修せしむ」ともある。この二城を筑前国にあてる説があるが、当時は新羅との関係も、かつてのような緊張度はなく、筑前に築城する必要性は少ない。前後の時期の歴史的状況からみると、ハヤト対策とみるのが妥当である。そこで、三野城は日向国府に近い日向国児湯《こゆ》郡三納郷の地、稲積城は大隅国桑原郡稲積郷の地で、のちの大隅国府予定地に近い地点と考える。

また、二城を「修せしむ」とあることから、この時点で二城を「修理」したと解釈して、それ以前から存在していたとみる説もあるが、「修」には本来、ツクル・オサメルの意があるので、それにこだわることもない。要するに、当時南九州を広域にわたって「日向国」として支配していた日向国府の地域と、やがて分立する大隅国府の予定地域とを結ぶ防衛ライン上の二拠点での築城とみることができる。

日向国からハヤト二国を分立させる政策の進行につれて、それに抵抗するハヤト勢力の動きも高まりをみせていたのであろう、大宝二年（七〇二）三月には、「信濃國《しなの》、梓弓《あずさゆみ》一千二十張を献《たてまつ》る。もって大宰府に充《あ》てる」との記事がある。大宰府管轄下に、当時大量の弓を備える必要があるとすれば、それはハヤトとの対峙であろう。

大宝律令の成立によって国家体制を固めた中央政権は、遠地の西海道（九州）諸国に、政権が間近にあることを示すがごとく、大宰府に西海道諸国の国司の掾《じょう》（三等官）以下と、郡司の銓衡《せんこう》を許している（七〇二年）。国司は中央から派遣するのが原則であり、郡司は在地豪族であるが、中央の式部省が銓擬《せんぎ》することを原則としていたのである。それらを大宰府にゆだねたのである。さきの剽劫事件で懲罰権を代行した大宰府（筑紫惣領）は、ここでは人事権の一部をも代行することになった。

とりわけ郡司（大領《だいりょう》・少領《しょうりょう》・主政《しゅせい》・主帳《しゅちょう》）は、在地豪族を任用することになっていたから、その人事に発言権をもつことになり、大宰府と在地豪族との間では上下関係がしだいに強まることは必然であろう。九州の諸豪族にとっては、大宰府は現実に「遠《とお》の朝廷《みかど》」になりつつあった。

その大宰府が、ハヤトの居住域の国制（日向国からの分立）施行にあたっても、朝廷の手先として動くことになる。

三　薩摩・大隅両国の成立

大宝二年（七〇二）四月の記事に、「筑紫七國」との文言がある。筑紫は九州のことであるから、やがて九国（州）になるはずであるが、この時期までは七国であった。すなわち、筑前・筑後・豊前・豊後・肥前・肥後・日向の七国で、いまだ薩摩・大隅二国は見えず、日向国に包括されていた。その日向国は、すでに文武二年（六九八）九月の記事に、朱沙《すさ》（赤色顔料）を献上した一国として、やがてその名が見えている。したがって、それ以前には成立していたことになる。その日向国から、やがて薩摩・大隅二国を分立させることになる。

律令政府は、その実施にあたっての基本線を示し、大宰府に具体策を講じさせたとみられる。その結果、南九州西半の「薩摩」を先に分立し、東半の「大隅」は、薩摩の状況が安定したのをみて分立させる。薩摩には肥後国から、大隅には豊前国からそれぞれ二〇〇戸を移民させて、ハヤトの教化をはかる、ことなどがまず決められた。

まず薩摩国の分立

薩摩を先行させたのは、日向国府の位置からして、より遠隔の地域であることと、比較的に豪族勢力規模が小さい場合が多く、かつ勢力が分立的であること、また北辺には早くから肥後の勢力が進出しており、分立に際しての抵抗が少ないとの見通しがあったのであろう。

政府は、まず薩摩国の国府を川内川下流域に設置することにし、この地域に勢力を張っていた薩摩《さつまの》君《きみ》一族の分断をはかった。薩摩国域では、薩摩君は最大勢力であり、そこに楔《くさび》を打ち込むという、いわば正面作戦である。この作戦は、のちの大隅国分立の際にもとられ、曾君勢力の拠点の分断をはかって国府を設置している。

薩摩君は、この作戦によって二分され、主勢力は川内川南側（左岸）の、のちの薩摩郡域に縮小された。いっぽう、川内川北側（右岸）には国府を設置し、肥後国からの移民によってその周辺部を固めている。といっても、薩摩君勢力をまったく排除したわけではなく、その一部を残留させて、新・旧住民の融和をはかるという、巧妙な懐柔策をもとっていたとみられる（第八章）。

薩摩国府は、川内川北側に高城《たかき》郡を置いて新設された。一九六四年から六七年にわたった発掘調査によると（鹿児島県教育委員会などによる報告書）、国府域は、県立川内高校の敷地を南西隅とする方六町であったと推定されている。しかし、地点一〇ヵ所ほどの調査であり、線あるいは面的調査はほとんど行なわれていないので、問題を多く残したままである。そのなかでも最大の問題は、国制を施行した八世紀初頭の遺物・遺構が出土していないことにある。検出されたのは八世紀後半期以降を主としたものであった。

文献記録から、薩摩国の誕生の過程を追ってみよう。

大宝二年（七〇二）八月の記事に、

薩摩・多褹《たね》、化を隔てて命に逆らふ。是《ここ》に兵を發して征討し、遂に戸を校《しら》べ吏《り》を置く。

とある。この記事は、時間的に三つに分けられる。まず、薩摩・多褹が天皇の徳化に従わず皇命にも逆らった状況があった。そこで、兵を発して征討させた。その結果、戸を調査して戸籍に登載し、役人（国司・嶋司）を置くことになった。

おそらく、この記事は数ヵ月にわたる推移をまとめて述べて、ついに戸籍を作成して国司を配置することができた、という時間的経過を追って薩摩国・多褹嶋（種子島・屋久島などを包括して一国に準じた行政区画）の成立を伝えたものとみることができる。

薩摩国と多褹嶋は大宝二年に誕生したのである。ついで、同年一〇月の記事には、つぎのような記録がある（(A)・(B)に分けて記述してみる）。

(A)　是《これ》より先、薩摩隼人を征する時、大宰の所部の神九處に禱祈《とうき》する。實に神威に頼りて遂に荒賊を平らぐ。

(B)　唱更《しょうこう》國司等今の薩摩國也言《まう》す。「國内の要害の地に柵《さく》を建てて、戍《じゅ》を置きて守らむ」と。これを許す。

この二つの記事によると、(A)では薩摩隼人の征討に、大宰府配下の九所の神（神名不詳）に祈願し、ついに荒賊（ハヤト）を平定できたこと。(B)では、薩摩国は当初唱更国といい、その国司らが、国内の要害の地に柵を建て、兵士を配置して守りたいと申し出たので、それを許可した、というのである。

唱更とは、中国漢代の辺境守備の兵役であるから、令制の防人《さきもり》に近い制とみられる。とすると、大宰府が指揮して建柵・駐兵を進め、唱更国司も当初は大宰府の府官が派遣されていたと、私は考えている。

また、建柵・駐兵の主体となったのは肥後国からの移民であろう。『和名抄《わみようしよう》』（九三〇年代の成立）によると、薩摩国府の所在した高城郡には六郷がある。そのうちの四郷名は、肥後国の郡名とほぼ一致している。それを並記してみよう。

高城郡（郷名）　合志・飽多・鬱木・宇土
新多・託萬

肥後國（郡名）　合志《かはし》・飽田《あきた》・宇土《うと》・託麻《たくま》

肥後国は一四郡からなっており、そのうち移民が行なわれたとみられる右記の対応する四郡は、薩摩国と隣接した地域ではない。どちらかというと、肥後国でも中央部ないしは北半に位置する諸郡である。これからみると、この移民は大宰府によって計画され、四郡からそれぞれ一郷相当の戸口が選ばれて、実行に移されたとみてよいであろう。同じような移民は、大隅国分立の際にも豊前国を主にした地域から行なわれていたが、そこでは「二百戸」と明記されている（後述）。

一郷は五〇戸を原則としているので、肥後国から高城郡に移された四郷は、ここでも二〇〇戸であったと推定してよいであろう。西海道の八世紀の残存戸籍（正倉院文書）から算出すると、一戸（大家族）は二〇人から二五人の間にその平均値がある。それをあてはめると、二〇〇戸は四〇〇〇〜五〇〇〇人にのぼり、大量移民である。薩摩国府周辺は、この移民たちによって固められたことになる。

このようにして、高城郡に新国府が定着するようになると、国名も和銅元年（七〇八）ごろまでに「薩摩国」となって一段落したようである。しかし、さきにも指摘したように、この当初の国府・国庁（国衙《こくが》）の場所を的確に示す遺物・遺構は、いまだ検出されていない。

大隅国の分立

つぎに、大隅国の分立をとりあげたい。大隅国の設置については、和銅六年（七一三）四月に、かなり具体的に記されている。

日向國の肝坏《きもつき》・贈於《そお》・大隅・姶羅《あひら》の四郡を割《さ》きて、始めて大隅國を置く。

この記事は短文ではあるが、簡潔にその状況を伝えている。大隅国は、日向国の四郡を分割して成立したのである。それまでの日向国の南西部にあたる地域で、大隅半島のほぼ南部を占める肝坏郡は「肝属」の用字が、その後は一般化してくるようになる。贈於郡は鹿児島湾奥部の、沿岸部から内陸部にかけて広がる地域であるが、まもなくこの郡を割って、桑原《くわはら》郡（国府所在郡）が分立し、さらにはその北部の菱刈《ひしかり》郡も分立してくる。大隅郡は鹿児島湾東岸部であろう。姶羅郡は明治期以後の始良郡とは異なり、大隅半島中央部の鹿屋《かのや》市を中心とした一帯とみられる。

ついで翌年（七一四）三月になると、「隼人、昏荒《こんこう》野心にして、憲法《のり》に習はず。よつて豊前國の民二百戸を移して、相勧《すす》め導かしむ」とある。すなわち、ハヤトは暗く荒れていて、おろかで、朝廷の法令に従わない。そこで豊前国（福岡・大分両県にわたる地域）の民二〇〇戸を移して指導させる、というのである。さきの薩摩国の場合とほぼ同じ、共通した施策である。その移住先は、大隅国の桑原郡であったことが、やはり『和名抄』の郡郷名から推定できる。

　桑原郡（郷名）　大原・大分・豊國・答西・稲積・廣田・桑善・仲川（國用中津川三字）

大分は豊後国の郡名、豊国は豊前・豊後両国域の旧名、仲川は割注から「中津川」の三字が二字になったことがわかるので、豊前国仲津郡とかかわる。二〇〇戸は四郷に相当するから、残る一郷は不詳である。豊前国は、さきの肥後国ほどの大国ではないので、一郡のなかから一郷分を選ぶのは困難な場合があったとも考えられる。その場合はもとの郡名にこだわらず、新しい郷名がつけられた可能性もある。現に、豊前国だけでは二〇〇戸を選定できず、豊後国からも加えられている状況があった（豊後国大分郷）。

ところで、薩摩国につづく大隅国の設置によって、それまでは日向国に包括されてはいても、戸籍にも登載されない状態のハヤトたちは、その自由を拘束され、重い負担を課せられるようになった。それらの強いられた拘束や負担に対して、当然ながらハヤトたちは抵抗していた。

すでに、薩摩国（唱更国）の成立時に抵抗し、ハヤトは「荒賊」とされていた。このとき、ハヤト征討に軍功のあった軍士には勲位が授けられ、史上初の叙勲の例とされている。

また、大隅国が設置された年（七一三年）の七月には、「隼賊」を討った将軍・士卒など、「戦陣有功者一千二百八十余人」に勲位が授けられているので、大規模な戦闘があったことが推測される。しかし、戦況を伝えた記録がないので、その実態は明らかでない。

いずれにしても、ハヤトたちにとっては、国が成立し、国府・国庁が置かれたり、その居住地域に一方的に移民が送り込まれてきたり、さらに諸負担を強いられたことは、忿懣《ふんまん》やるかたないことであったことはまちがいない。

国家という怪物に対する不信と恐怖は、やがて国守《くにのかみ》殺害にまでおよぶことになった。

四　養老期ハヤトの大抗戦

国守殺害

養老四年（七二〇）二月二九日のことであった。大宰府から朝廷に、飛駅《ひやく》によって急報されたその内容は、「隼人反《そむ》きて、大隅國守陽侯史麻呂《やこのふひとまろ》を殺せり」という、ショッキングなものであった。

朝廷の狼狽《ろうばい》ぶりは想像にあまりある。とりあえず四日後に、中納言大伴旅人《おおとものたびと》を征隼人持節《じせつ》大将軍とし、授刀助《じゅとうのすけ》笠御室《かさのみむろ》・民部《みんぶ》少輔《しょうふ》巨勢真人《こせのまひと》を副将軍として任命した。大将軍に副将軍二人を任命するのは、兵士一万人以上をつけて出征するのが軍防令の規定であるから、大軍派遣が計画されたのである。しかし、実際に一万人以上の兵士が発遣されたのか、その時期とともに記録にはない。いずれにしても、朝廷が任命して現地におもむかせた国守が殺害されたのであるから、何としても朝廷の面目を立てて、その威信を示さなければならない状況にあった。

それから三ヵ月以上を経た六月になって、ようやく南九州での戦況を伝えている。その内容は、「今、西隅の小賊、乱を怙《たの》み化（王化）に逆らひて、屢《しばしば》良民を害《そこな》ふ。よつて持節将軍正四位下中納言大伴宿禰《すくね》旅人を遣はして、その罪を誅罰《つみな》ひ、彼の巣居《そうきょ》を盡《つ》くさしむ。兵《いくさ》を治め衆を率《ひき》ゐて、兇徒《きょうと》を剪《き》り掃《はら》ひ、酋帥《しゅうすい》（蛮人の首領）面縛《めんばく》せられ（両手を背に縛《しば》られ顔のみあらわす）、命《いのち》を下吏《かり》（下級役人）に請《こ》ふ」とあり、戦果があがっていることを述べるが、つづく後半になると、その調子が落ちてくる。

「然《しか》れども、将軍原野に暴露《さらさ》れて、久しく旬月《じゅんげつ》を延ぶ。時、盛熱（新暦の七月下旬、盛夏）に属し、豈《あ》に艱苦《かんく》なからんや。使を遣はして慰問せしむ。忠勤を念《おも》ふべし」と、元正女帝の意を伝えている。そして八月になると、「征隼人持節将軍大伴宿禰旅人は且《しばら》く京に入るべし。但し、副将軍已下《いか》は、隼人未《いま》だ平がずば、宜しく留りて屯すべし」として、将軍には帰京を命じ、副将軍以下に戦闘を継続させている。

戦闘は、長期戦の様相を呈していたのである。そして翌年（七二一年）七月になって、副将軍らの還帰を伝えて、「斬首《ざんしゅ》、獲虜《かくりょ》合はせて千四百余人」と記している。ハヤトたちは、一年数ヵ月にわたって政府軍と戦い、多数の死者・捕虜と大きな被害を出して、大抗戦はようやく終結したのであった。

写真9　ハヤトの抗戦の場，姫（比売）城（鹿児島県霧島市隼人町・南日本新聞より）

『託宣集』の伝える戦況

この戦いのようすを、後世の史料ではあるが、『八幡宇佐宮御託宣集』は別の視角からつぎのようにも述べている。概要のみ摘記すると、当時の豊前守であった宇努首《うぬのおびと》男人《おひと》が八幡大神に祈って出兵した。また、ハヤトたちは七ヵ所に城を構えて対戦したが、そのうちの五城は落ち、曽於《そお》之石城《いわき》・比売之城《ひめのき》の二城が最後まで残った。しかし、大神の加護によって「蜂起の隼人を伐《き》り殺し畢《おは》んぬ」とある。

宇努首男人は実在の人物で、豊前守もつとめたことがある。しかし、当時豊前守であったかについては多少の疑問もある。そのいっぽうで、豊前守に率いられた兵士が八幡神を奉持して、ハヤトの地に出兵する必然性も少なからずある。というのは、国守殺害事件のおこった大隅国の国府周辺には、豊前国の民が移住してからいまだ何年も経ていない時期であり、強制されて南辺の地に移動していった、苦渋に満ちた同志の顔が眼前に浮かんでくるのであった。ハヤトに包囲された同志救援の動きは、豊前の人びとにとっては自発的なものでもあった。

蝦夷も蜂起

ハヤトが大隅国守を殺害した養老四年（七二〇）二月から約七ヵ月後の同年九月には、じつは東北の陸奥国でも朝廷に衝撃をあたえる事件がおこっている。「蝦夷《えみし》反《そむ》き乱れて、按察使《あんさつし》（「あぜち」とも）正五位上上毛野《かみつけの》朝臣廣人《ひろひと》を殺せり」と伝えてきたからである。按察使は数ヵ国の行政を広域にわたって監督する役職である。上毛野広人は陸奥守も兼帯して按察使の職をつとめていたのであろう。同じ年に南・北呼応するようにおこった事件に、いまだハヤトの平定が進まぬなかで、朝廷は蝦夷への対応をも迫られたことになる。

陸奥国からの急報が届いた朝廷では、急遽二人の将軍を任命している。太平洋側から進軍する軍隊を率いる持節征夷将軍に多治比真人県守《たじひのまひとあがたもり》を、日本海側から進軍する軍隊を率いる持節鎮狄《ちんてき》将軍に阿倍《あべ》朝臣駿河《するが》をそれぞれあてている。この二人の将軍は翌年（七二一年）五月に還帰しているので、その間は、諸国の軍団の兵士は南へ、北へ動員され、日本列島は騒乱の渦のなかにあったとみられる。それはまた、律令国家の辺境支配への試練でもあった。

ふたたび、南九州に目を移してみたい。

「隼人の反乱」は中央史観

養老四年から翌年にかけての、一年数ヵ月にわたるハヤトの抗戦を、研究者の多くは「隼人の反乱」とよんでいる。しかし、それは中央史観であって、ハヤト側に立てば、自衛のための戦いであり、外部からの侵入者に対する抵抗である。ハヤトは居住地域から一歩も外に出ず、他の地域の人びとを脅かしてもいない。ハヤトの生活に不安を与え、苦痛をもたらしたのは中央政権であり、律令国家側であった。したがって、私はこの戦いを「ハヤトの抗戦」とよび、よく戦ったので、大抗戦と称えている。

豊前からの文化移植

ところで、大隅国府周辺には豊前国を主とした地域からの移民が行なわれ、二〇〇戸、約五〇〇〇人の人びとが居住することになったが、その人びとがもたらした影響について考えてみたい。

「正倉院文書」として残る古代戸籍の一部には、豊前国の大宝二年（七〇二）のものがある。その二八戸について、一戸あたりの戸口を試算すると、平均二五・四人となり、そのまま二〇〇戸分に換算すると五〇〇〇人を越えることになる。この人数は大隅国の国府所在郡である桑原郡の人口構成を考える参考となるであろう。

また、豊前国戸籍によると、氏《うじ》名として「秦部《はたべ》」が全体の約四九パーセントを占めている。渡来系の秦氏に従属した集団の秦部は、秦氏のもとで養蚕をはじめ、鉱産資源の開発などの技術をもっていたと推定される。移住地に新設の桑原郡の名も、かれらの養蚕技術と無関係ではないと思われる。さらには、移住に際して豊前地域の信仰を奉持し、集団の守護神として祭ったことが考えられる。とりわけ、国府の所在する国分《こくぶ》平野の西にある鹿児島神社（現、霧島市隼人町所在の鹿児島神宮）と、東にある韓国宇豆峯《からくにうずみね》神社（現、国分所在）が注目され、いずれも式内社である。

鹿児島神社は、その名称からしても在地性が認められ、もともとハヤトたちの信奉する神を祭っていたとみられる。ところが、この社は八幡神的性格も濃厚である。そこで考えられるのは、在地神と、豊前国の人びとの奉持してきた外来の宇佐八幡神との習合である。在地神と外来神との習合は、ハヤトの懐柔あるいは教化を重要な課題としていた政権としても積極的であり、それを推進したとみられる。

また、韓国宇豆峯神社は、豊前国田河郡に所在した式内社、辛国息長大姫大目命《からくにおきながおおおまみこと》神社（現、田川市所在の香春《かわら》神社）との関連が指摘できよう。辛国＝韓国で、豊前に多く居住していた朝鮮半島渡来系の人びとが信奉していた神であろうことは、ほぼ想像できよう。辛国息長大姫大目命神社は、銅の採掘にかかわったことが、『豊前国風土記』の記述から推察できる。ところが、ここで採掘された銅で鏡を鋳造し、それを神輿に奉じて宇佐八幡の神体として納める神事がかつてあったという。

とすると、豊前における二社は神事で深く結ばれていたことにもなり、この二社の神を豊前からの移住者たちが、大隅国の国府周辺に勧請《かんじょう》し、守護神として奉祀したと考えられる。このように考えると、国分平野の両端に祭られている八幡神の性格をもつ鹿児島神社と、「韓国」をその名称に冠する韓国宇豆峯神社の存在が理解されやすくなるであろう。

ちなみに、その国分平野から北に遠望できる霧島山系の最高峰は韓国岳《からくに》（一七〇〇メートル）であり、その山名の由来にもいささかの根拠が見出せそうである。

五　六年相替の朝貢

ハヤトが朝貢することは、すでに七世紀後半の天武朝からみえていた。ところが、八世紀になり、平城京に都が遷ってまもない、霊亀二年（七一六）になると、二国のハヤトの朝貢について、大宰府からつぎのような上申があった。

すなわち、ハヤトの朝貢は「すでに八歳（年）を経る。道路は遙隔にして、去來は便ならず。或は父母は老疾し、或は妻子は單《ひと》り貧しきなり。請《こ》はくは、六年を限りて相替《そうたい》させむことを」と。この上申を受けた朝廷では、それを許可している。

この上申の内容からすると、ハヤトは朝貢すると長期にわたって都に滞在し、雑役などに従事していたのである。そのようなハヤトの労苦のいっぽうで、故郷に残された父母・妻子の苦悩がつづいていた。大宰府は、そのような実状を見かねたのか、朝貢を「六年相替」にするよう進言し、許可されたのである。

この上申から、朝貢の実態の一端を知ることができるのであるが、これまでの大宰府のハヤトへの対応からすると、この措置がハヤトへの同情とばかりは受けとれないであろう。この三年後に、大隅国守殺害事件がおこることからすれば、ハヤトの忿懣の高まりは頂点に達しつつあったことを、大宰府はいち早く察知したのではないかと思われる。

六年相替は翌養老元年（七一七）から実行され、以後養老七年（七二三）、天平元年（七二九）、天平七年（七三五）と、六年ごとの朝貢記事が見えるので、そのたびに交替することがほぼ守られたとみられる。

その相替の際には、貢物が献上されると、天皇が大極殿に出御《しゅつぎょ》し、ハヤトの風俗歌舞が奏上される。これらは一連の服属儀礼である。風俗歌舞は、ときに土風歌舞・俗伎とも表記されるように、南九州で伝承されてきたハヤトの歌舞であり、土俗的なものであったとみられる。その点では、隼人司のもとにあって元日・即位などの儀式用に仕立てあげられた風俗歌舞とは、異なるものであろう。

一連の服属儀礼のあと、朝廷からハヤトの朝貢引率者である酋帥《しゅうすい》層を主対象に、授位・賜禄がある。その授位では、初回は「外従五位下」にほぼ定まる傾向がみられる。そして回を重ねるにしたがって、一階ずつ昇階するのが通例であった。

ハヤト共同体の結束弛緩

授位・賜禄は、ハヤトの朝貢に対する天皇の対応であったが、それらを受けたハヤトの酋帥層は、徐々に朝廷のもとにあるとの意識を強めることになり、ハヤト共同体から遊離していく要因になる。官位は収入をともなうものであり、相応の役職につく必要条件でもあったから、酋帥層はそれに魅せられ、結果的には、朝廷の懐柔策にはまってしまうことにもなった。

服属儀礼を、天皇が大極殿に出御して受けることは、これまでに述べたことからすると、酋帥層にとっても、引率されてきたハヤトにとっても、その権力と権威を見せつけられることになったが、その場が元日の儀式に設定されると、効果はいっそう高められることになる。和銅三年（七一〇）正月元日の朝廷の朝貢の儀式では、天皇が大極殿に出御し、「隼人・蝦夷」が参列させられていた。そのときのようすは、皇城門外の朱雀路の東西に騎兵が整列するなかを、左右の将軍・副将軍が隼人・蝦夷を率いて行進するという、一種の見せ物的なパレードであった。蛮夷《ばんい》とされる隼人・蝦夷は国家・天皇の威力と領域支配拡大の誇示に利用されていたのである。

したがって、朝貢圏がハヤトより南の奄美・信覚《しがく》（石垣島）・球美《くみ》（久米島）と拡大すると、つぎには、霊亀元年（七一五）の場合のように「南島・蝦夷」が蛮夷の代表として、正月の朝賀の儀式に参列させられ、その場で方物（地方の産物）が貢上され、そしてさきのようなパレードとなった（第七章）。

第六章　天平期のハヤト支配

一　ハヤトは宮門を守ったのか

「天平期」は八世紀前半（七二九〜四九年）の年号にもとづく呼称であるが、この時期のハヤト支配の状況は、諸史料が比較的に残存しており、明らかにしやすい。

そこで、まず畿内ハヤトの職務についてとりあげてみたい。畿内ハヤトは、中央政権に服従するようになったハヤトの一部が、畿内やその周辺に強制的に移配されたもの、あるいはその系譜をひくものである。

東北の蝦夷の場合と対比すると、帰順した俘囚《ふしゅう》・夷俘《いふ》などが畿内地域を避けるような移配の傾向がみられたり、課役を免除されたことなどからすると、畿内隼人は法的にも「良人」と解釈されたりしているので、対照的である。

その畿内ハヤトに、朝廷は何を期待したのであろうか。

伝承的宮門警備

写真10　復元された平城宮朱雀門．手前は朱雀大路

畿内ハヤトが養老令などでは衛門府のもとで隼人司に属していることからすると、宮門守衛の任務が、まず考えられる。衛門府の職掌は、督《かみ》以下の官人がその配下の門部《もんぶ》（二〇〇人）・物部《もつぶ》（三〇人）などとともに、宮城門（外門）と宮門（内門）を警衛し、人ばかりでなく、物品の出し入れを点検・監視することであった。

しかし、令制によると衛門府の配下にある隼人司では、正《かみ》以下の官人が使部《しぶ》（一〇人）・隼人とともに、別組織でその任務にあたっていた。その任務を隼人正の職掌からみると、「隼人を検校《けんげう》せむこと、及び名帳《みやうちやう》のこと、歌舞教習せむこと、竹笠造《つく》り作《つく》らむ事」とある。すなわち、畿内ハヤトを統括して、ハヤトの計帳などの名簿の勘合《かんごう》（調べ合わせること）、ハヤトの風俗歌舞を教習（儀式用に教え習わせること）、竹笠の造作（竹笠はその一部で、種々の竹製品を作ること）などを指導・監督することであった。

この隼人正の職掌からみる限り、宮門の守衛などには、まったくふれていないことが気になる。ところがそのいっぽうで、ハヤトの朝廷における任務として、「天皇の守護人《まもりびと》」とする考え方は根強い。それは、隼人司が衛門府に属していたこととあいまって、日向神話におけるハヤトの祖（海幸彦）が、天皇家の祖（山幸彦）に屈服したときに、つぎのように記述されていることが影響しているとみられる。

『古事記』によると、海幸彦は「僕《あ》は今より以後は、汝命《みこと》の晝夜の守護人と爲《な》りて仕へ奉らむ」といっている。また、『日本書紀』によると、「諸の隼人等、今に至るまでに天皇の宮墻《みかき》の傍《もと》を離れずして、代《よよ》に吠《ほ》ゆる狗《いぬ》して奉事《つかへまつ》る者なり」と、述べている。

また、両書によると、すでに述べたように（第一章）、住吉仲皇子や雄略天皇に仕えた「近習隼人」、敏達天皇の死後、皇后の炊屋《かしきや》姫を守るために兵衛として宮門を固めた「隼人」の姿があった。

しかし、近習隼人や宮門守護役的職務は、七世紀後半以後の律令制定の過程で、しだいに変質していったようである。

一〇世紀前半に成立の、令の施行細則を記した『延喜式』にも隼人司についての規定がある。そこでは、元日・即位・蕃客《ばんきやく》（外国使節）入朝などの儀式で、ハヤトが横刀・楯・槍などを携帯することになっている。これは一見して、ハヤトの軍事力と守護役を誇示するかのごとき観を呈する。しかし、朝廷の諸儀式の場においてであることを考えると、ハヤトの戦闘における武勇をことさら見せるような演出ではなく、このような武器類をもって朝廷に歯向かった勇猛な蛮族ハヤトが、いまは天皇に服属していることを、儀式の場で儀礼として演じさせ、それによってかえって天皇の偉大な存在を示そうとしているのであろう。

吠声による守護

では、『古事記』に記述されるような「守護人」としての実態はどこに求められるのであろうか。それは『日本書紀』が記す「吠ゆる狗」の呪力に代表される、ハヤトの呪能であろう。両書の神話のなかには、部分的に新しい時期の状況が反映しているが、ハヤトの吠声《はいせい》なども、その一例であろう。『万葉集』には、つぎのような一首が載せられている（巻一一、二四九七）。

　隼人《はやひと》の名に負ふ夜声いちしろく
　　わが名は告《の》りつ　妻と恃《たの》ませ

歌の大意は、隼人の有名な夜声がはっきり聞こえるように、私は自分の名をはっきり申しました。このうえは、妻として信頼してくださいませ、というのである。

この歌は、古代の女性が名告る場合の意味を知ることでも興味があるが、いまは前半の「夜声」に焦点をあててみたい。

奈良時代の都に住む人びとの間では、ハヤトの夜声、すなわち吠声は夜のしじまのなかで、かなり遠くまではっきり聞こえることで知られていたらしい。そうでないと、後半部で女性が男性に語りかけているることが生きてこない。ハヤトの吠声は、それほどに都の人びとには知られていたのであった。『日本書紀』に記述された「吠ゆる狗」は、まさに奈良時代の畿内ハヤトの現実であったといえよう。

『延喜式』隼人司の条で、吠声が発せられるいくつかの例をあげてみよう。

すでにとりあげたように、元日・即位・蕃客入朝などの朝廷の儀式にハヤトは参列させられるが、その儀式場に官人たちが入場する際に、「今来隼人《いまき》」とよばれるハヤトが吠声を三節発することになっていた。吠声のもつ呪力によって、官人たちの身辺にまとわりついている邪気・邪霊をはらい、それらを儀式場に持ち込まないようにするためであろう。

イマキ（今来）には、新来・新参の意があり、南九州本土から新しくやってきたハヤトの吠声には強力な呪力があると観念されていたと推測できる。したがって、今来隼人は、本来的には朝貢してきたハヤトのなかから選任されていたとみられる。本土ハヤトの蛮人性固有の呪能が期待されていたのである。

つぎには、天皇の行幸にハヤトが供奉《ぐぶ》し、「国界（大和と河内の国境など）・山・川・道路之曲《まがり》」などにいたると、今来隼人が吠声を発することになっていた。行列の前方での先払いであり、これらの場所にも邪気・邪霊がひそんでいると考えられていたのであろう。

ハヤトは、このように吠声の呪能によって「天皇の守護人」としての役割をはたしていたのである。

したがって、衛門府に属しながらも、武器を用いて警護する場合とは、その性格を異にしていた。その点では、呪力・呪能が大いに期待されていた、まさに原始・古代的守護人の役割をはたしていたのである。

ちなみに、畿内ハヤトが畿内やその周辺の河川・主要道ぞいに移配されていたことを前に述べたが(第四章)、それらの場所はハヤトの呪力が発揮される適地であったこともわかる。また、宝亀二年(七七一)には、「隼人の帯剣を停《や》む」ともあるが、衛門府に属するハヤトの一部には、帯剣の遺制的慣行が存続していたのであろう。その形骸化していた遺制の停止であって、ハヤトの軍事的役割を考える場合に参考になる記事である。

二　律令政治の浸透と班田の遅滞

「ハヤトの氾濫」

八世紀の初頭に薩摩国(唱更国)が、ついで大隅国が成立し、それぞれの国のほぼ中心地に国府が設置された。

この二国の住民は、「薩摩隼人」「大隅隼人」とよばれて区分されている。八世紀の本土ハヤトは基本的にこの二区分だけである。ところが、研究者の間ですら、しばしばこれ以外にもハヤトが存在しているかのように語られている。日向ハヤト・多褹《たね》ハヤト・甑《こしき》ハヤトがその例で、この現象を私は、「ハヤトの反乱」をもじって「ハヤトの氾濫」といっている。

なぜこのようにハヤトが氾濫するのか。それは簡単にいえば、史料の読みが不十分だからであるが、多褹ハヤトなどはその史料にすら出てこない。また、日向ハヤトは大隅が日向に属していたころに一度だけ見える用例で、そこに出てくる人物は曾君《そのきみ》細麻呂であるから、その人名からして明らかに大隅ハヤトである。さらに甑ハヤトは「甑隼人麻比古」と見え、薩摩国甑島郡の一首長とみられる人名なので、薩摩ハヤトの一人にほかならない。

ところで、ハヤトの住む二国は郡で細分され、さらに郡の下に郷《ごう》（八世紀初頭は、里《り》といった）がおかれた。一郷は五〇戸を原則としていた。このようにして、国司―郡司―郷長の命令系統が整備されると、律令政治が末端にまで浸透することになる。

このような行政区分、すなわちハヤト二国の郡・郷の区分を八世紀の段階で明示できる史料は残存していない。その全体がわかるのは『和名抄』（九三〇年代の成立）である。それでも、『和名抄』に載せられている郡名は、ほぼ八世紀に存在したとしても、諸史料との照合からそれほど矛盾はない。しかし、郷名ということになると、八世紀の史料からはうかがい知ることはできないので、推定の域を出ない。

『和名抄』に見える大隅・薩摩二国の郡・郷名は、つぎのようである。

大隅國（八郡三七郷）
・菱刈《ひしかり》郡──羽野・亡野・大水・菱刈
・桑原《くははら》郡──大原・大分・豊國・答西・稲積・廣田・桑善・仲川國用中津川三字
・囎唹《そお》郡──葛例・志摩國用島字・阿氣・方後・人野
・大隅郡──人野・大隅・謂列・始臈・禰覆・大阿・岐刀
・姶羅《あひら》郡──野裏・串伎・鹿屋・岐刀
・肝属《きもつき》郡──桑原・鷹屋・川上・鴈麻
・馭謨《こむ》郡──謨賢・信有
・熊毛《くまけ》郡──熊毛・幸毛・阿枚有三郷 ｝（旧、多褹嶋）

薩摩國（一三郡三五郷）
・出水《いづみ》郡──山内・勢度・借家・大家・國形
・高城《たかき》郡──合志・飽多・欝木・宇土・新多・託萬
・薩摩郡──避石・幡利・日置
・甑島《こしきしま》郡──管管・甑島
・日置《ひおき》郡──富多・納薩・合良
・伊作《いさく》郡──利納

・阿多郡——鷹屋・田水・葛例・阿多
・河邊《かはのへ》郡——川上・稲積
・頴娃《えの》郡——開聞・頴（類）娃
・揖宿《いふすき》郡——揖宿
・給黎《きひれ》郡——給黎
・谿山《たにやま》郡——谷（山）上・久佐
・麑島《かごしま》郡——都萬・在次・安薩

この郡・郷一覧のなかで、大隅国の末尾二郡は多褹嶋《たねとう》が天長元年（八二四）に廃されて、大隅国に併合されたもので、馭謨郡は屋久島を主とし、熊毛郡は種子島と推定できる。なお、二国の郡名は読むことができても、郷名の読みは一部を除いて不明である。

この『和名抄』の郡・郷名を一応の手がかりにして、八世紀の状況を推察すると、どのようなことがいえるのであろうか。

小規模郡の多い薩摩国

まず、大隅国の本土（多褹嶋を除く）は六郡三二郷、薩摩国は一三郡三五郷で、郷数においては僅差でありながら、郡数では大差がある。それは、薩摩国に小規模郡が多いことによるのであり、とりわけ薩摩半島部には一郡一郷、一郡二郷が目立つ。令制では、郡の規模を大・上・中・下・小の五段

図6　古代の郡郷（『角川日本地名大辞典・鹿児島県』にもとづく．原図は筆者作成）

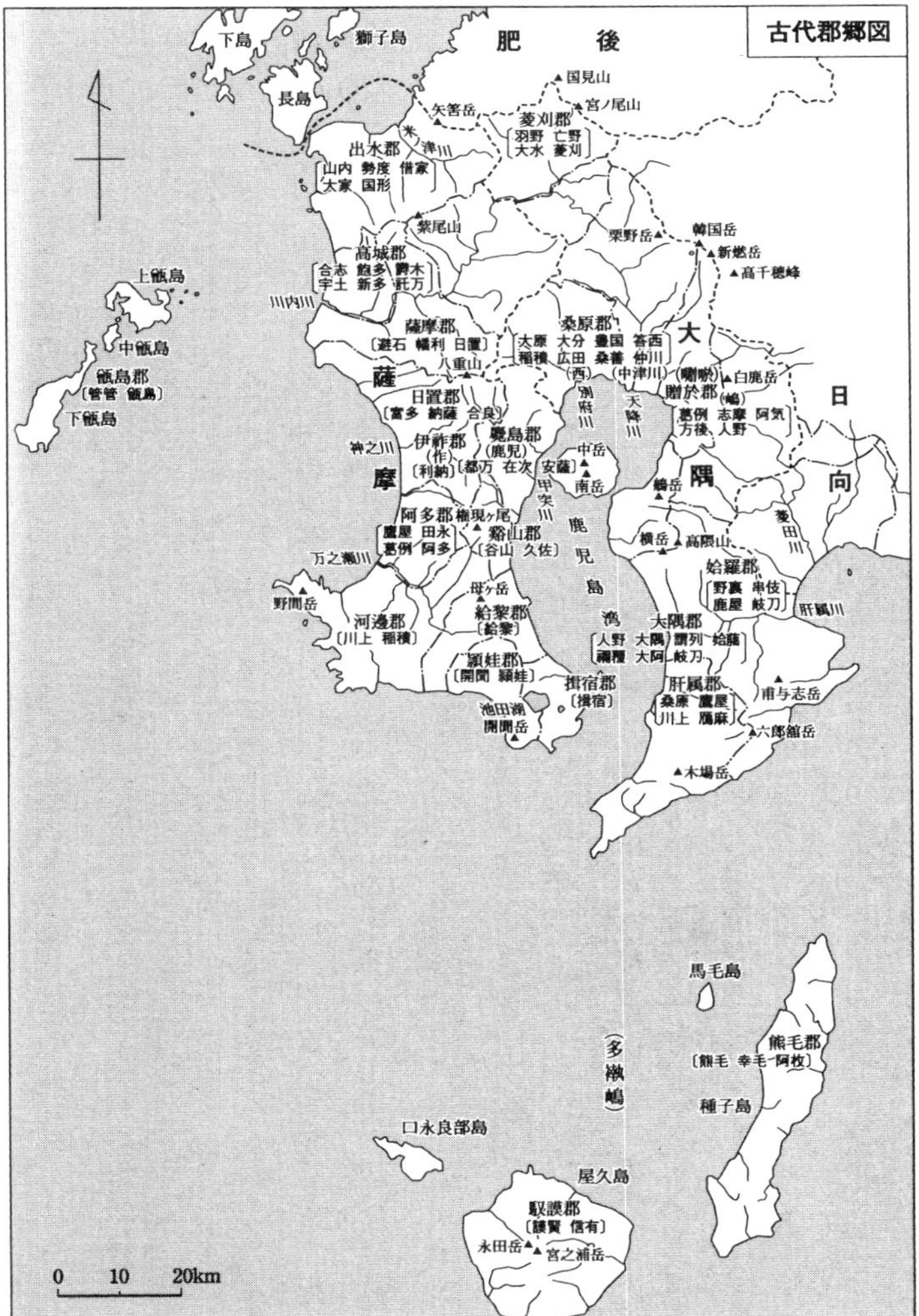

階に区分するが、そのなかの小郡でも二郷以上となっている。その区分からすると、薩摩国の一郡一郷は三例もあり、令制の規定外である。しかし、それが八世紀の国の成立当初からであったか、については明らかでない。

いっぽう、大隅国の郡規模は西海道（九州）の他の諸国とほぼ同じで、一郡の郷数平均をとっても約五・三郷となり、西海道の約五・四郷に近い。とすると、同じハヤト国でありながら、大隅国と薩摩国では郡の構成に顕著な差異が認められることになる。その差異は、何にもとづくものであろうか。

おそらく、郡司が在地豪族から主に選任されることからすると、大隅国と薩摩国では豪族の勢力圏に格差があったとみられる。とりわけ、薩摩半島には小豪族が分立する傾向があったことが、郡の構成にも反映したのであろう。大隅国と薩摩国の豪族勢力の格差は、中央政権と対峙する抗戦の規模の差にもみることができる。その代表例が、大隅国を主体とした、養老四年（七二〇）の大隅国守殺害に端を発した大抗戦であった（第五章）。

同じハヤト国でありながら、それぞれに特異性も認められる大隅・薩摩二国に、律令政府はどのように対応したのであろうか。律令支配の浸透は、人民の掌握がその基本であった。そのためには戸籍を作成することがまず必要であった。国司の命を受けてその実務にあたった郡司・郷長らはその作成をうながされ、戸ごとにまとめて郷単位に一巻として仕上げることに追われたとみられる。従来のハヤトの共同体は、農耕を主な生業とする構成とは異なっていたことが十分に推測されるので、農耕を前提とした編戸や郷への組織替えは、容易に進行しなかったと思われる。

それでも、政府は猶予することなく、戸籍作成を急がせ、造籍に目処《めど》がつくと、班田制の導入をはかったようである。天平二年（七三〇）三月には、大宰府はつぎのように言上している。

大隅・薩摩両國の百姓、國を建ててより以來、曾《か》つて田を班《わか》たず。その有《も》てる田は悉《ことごと》く是れ墾田なり。相承《あひう》けて佃《たづく》ることを爲《な》して、改め動かすことを願はず。若《も》し班授に従はば、恐らく喧訴《けんそ》多からんと。

この大宰府の申し出を受けて、政府は「是《ここ》に、旧《もと》に隨《たが》ひて動かさず。各、自《みずか》ら佃らしむ」と回答し、この時点では班田収授をしないことにしている。

この記事は、前年（七二九）が六年ごとの班田の年にあたっていたこともあって、この際、政府では口分田《くぶんでん》の班給を全面的にやり直すことを画策していたことを前提にしている。これを機に、ハヤト二国でも班田を実施することを、大宰府を通じて要請していたのであろう。しかし大宰府は、二国の班田制採用に向けての対応がいまだ不十分であったことを伝えている。

班田の断念

おそらく、二国では田地は一部の有力者が墾田として所有してはいるが、地域的には偏在しており、それを収公しても班田を実施できるほどの面積の田地ではないこと、そのいっぽうで、収公された有力者が喧訴におよぶことは明白であったのであろう。そのような実態の報告に接し、政府ではハヤト二国での班田制実施を、この段階では断念したのである。

しかし、大宰府の実態報告には、造籍の遅滞などにはふれていないので、班田の前提条件となる戸籍は、これ以前には、ほぼ作成の目処がついていたとみられる。

このように、ハヤト二国の班田制の導入は断念されたのであったが、それはあくまでもハヤトの居住地域であって、外部から移住した人びとの居住地域では班田制が実施されていたとみられる。大隅国でいえば、国府所在郡の桑原郡に移住した、豊前国を主にした本貫地をもつ人びとである。また、薩摩国では、肥後国を本貫地としていた人びとが、国府所在郡の高城郡に移住していた。かれらは、移住前にすでに班田農民であったから、それぞれが移住先で、一応の口分田を班給されていたとみられる。しかし、それが基準額を満たしていたかについては、疑問があろう。

また、国府所在郡の周辺で、比較的耕地条件にかなっていた地域についても配慮してよいであろう。その一例は、川内川下流域南側に立地していた薩摩郡域であり、他の例は、早くから肥後からの勢力が進出していたことが認められる薩摩国の出水郡域である。

このような配慮をしたうえで巨視的にみると、さきの大宰府の班田についての言上は、ハヤトの居住地域を主にした様相を伝えるものとみてよいであろう。

班田制の施行は、律令国家支配の根幹政策であったから、それ以後、政府はハヤト二国での田地の開発を、大宰府を通じて急がせたとみられる。しかし、ハヤトの居住地域では、一部を除くと地形・

地質が田地に不適性であったから、開発が容易に進行したとは思われない。

班田制のその後

班田は、六年ごとに作成される戸籍にもとづいて、六歳以上の男女に一定額の口分田を与えることになっていた。その基準は、男子が二段（一段＝三六〇歩《ぶ》＝約一一・七アール）、女子はその三分の二とされていた。平地の少ない南九州で、それに相当する田地の確保は、八世紀前半のこの時期では、まず不可能であったとみられる。

このような状況のなかで、田地の開発がどのように進められたのか、それについては、史料は黙して何も語っていないが、延暦一九年（八〇〇）にいたって、

大隅・薩摩両國の百姓の墾田を収めて、便《たよ》りに、口分を授く。（『類聚国史』）

との記事が、ようやく出てくる。しかし、簡単すぎる記事であるため、その内容については不明な点が多い。すなわち、令に規定した基準額が支給されたのかどうか。田地ばかりでは班給できず、畑地の比率が高かったのではないか、などの疑問である。そのような視点からこの記事をあらためて見ると、「口分」とはあっても、「口分田」とは記していないことが気になる。

それにしても、畿内や周辺諸国の班田制の実施は七世紀の末と考えられている。すなわち、持統四年（六九〇）の庚寅年籍《こういんねんじゃく》とよばれる戸籍によって、二年後の持統六年に最初の班田が実施されたとの見方が有力視されているからである。とすると、約一世紀以上も遅れて、ハヤト二国で班田制が導入

されたことになる。

いっぽう、このころには全国的に班田制は衰退に向かっており、延暦二〇年（八〇一）に畿内の班田は一二年に一度（一紀一班）に変更されている。そのような状況のなかで、ハヤト二国の班田は実施されたのであったから、その実態には、さらに疑問をいだかせる歴史的背景がある。

いずれにしても、ハヤト二国の班田は実施されたのであったが、その翌年（八〇一年）には、六年相替のハヤトの朝貢が停止されている。ここにいたって、ハヤトの朝貢が班田制の導入と深くかかわっていたことに、気づかされるのである。すなわち、ハヤトの六年相替の朝貢は、班田制早期導入をはかるための、代替的負担でもあったといえそうである。

三 「薩摩国正税帳」にみるハヤトの社会

「薩麻（摩）国正税帳」とは、正倉院文書の一部として伝存している、天平八年（七三六）度の薩摩国の収支決算書である。断簡文書のため欠失した部分も多いが、一応まとまった形で伝えられている南九州の史料としては、最古の文書であり、『続日本紀』などの史書では知ることのできない記述を含んだ、貴重な文書である。

隼人一一郡

その記述から知ることのできる、天平期の薩摩国の状況をいくつか紹介してみたい。

まず、郡別に記載されており、国府所在郡の高城《たかき》郡に加えて、出水《いずみ》郡・薩摩郡・阿多《あた》郡・河辺《かわのへ》郡の計五郡の記事が断片的に見える。そのいっぽうで、「隼人十一郡」の記載があることから、肥後系の外来住民が主に居住する、北部の出水・高城二郡と、それ以南のハヤトを主とする一一郡の区別があったことが知られる。その境界は、ほぼ川内川の川筋であろう。

とすると、薩摩国は天平八年以前に、非ハヤト二郡とハヤト一一郡の計一三郡で構成されていたことになり、先掲の『和名抄』による一三郡は、八世紀の初頭には存在していた可能性が高まってくる。同じハヤト国の大隅国では、正税帳の類の文書が残されていないので、薩摩国のような状況は直接的には知ることができない。それでも、薩摩国と同じ政策がとられたことは、ほぼ推察できる。その推察から、大隅国では国府所在郡の桑原《くわはら》郡が豊前系を主とした住民の居住地域であったから、桑原郡が非ハヤト郡であり、他の諸郡はハヤト郡ということになろう。

ハヤト二国のなかでも区分されるこのような実態がわかってくると、律令国家の二国に対する施策についても、この区分にもとづいて考慮する必要がある。さきに、班田制の採用について述べたときに（前節）、地域を区分したのも、そのような配慮が私の念頭にあってのことであった。

非ハヤト郡の住民に対しては、他の諸国のそれと基本的には変わらない処遇を想定してみたい。とすると、兵役を含む諸負担も課せられ、軍団も存在したことが容認されよう。現に、「薩摩国正税帳」

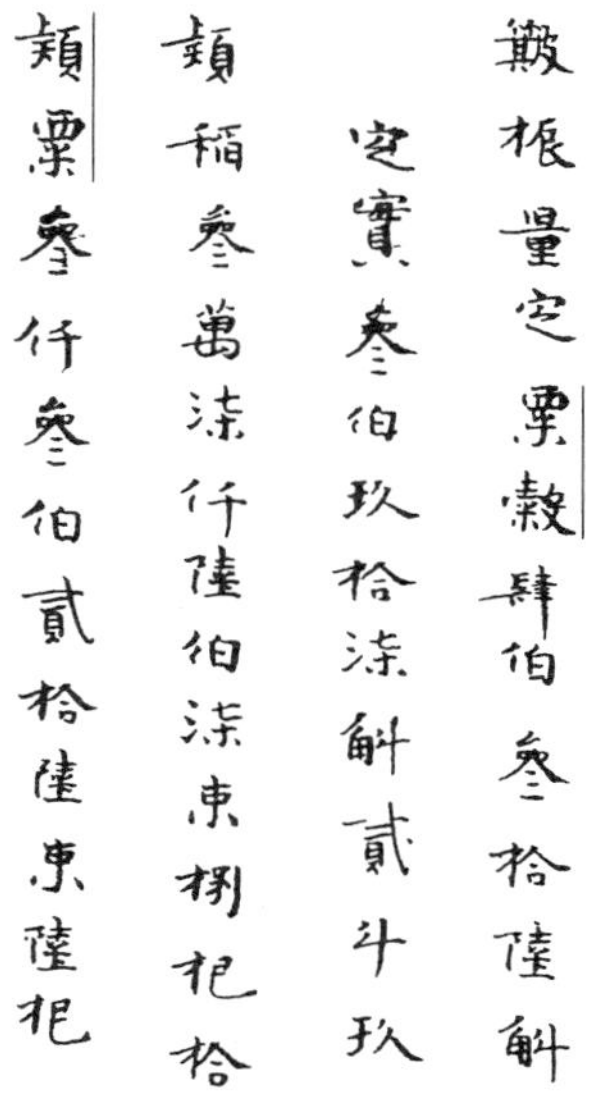
斛根量定粟穀肆伯参拾陸斛
定實参伯玖拾柒斛貳斗玖
頴稲参萬柒仟陸伯柒束捌把拾
頴粟参仟参伯貳拾陸束陸把

図7　「薩摩国正税帳」の粟の記載．傍線部分（正倉院文書）

には「少毅《しょうき》」などの、軍団幹部の職名が見えるので、軍団が存在したことは確実である。

そのいっぽうで、ハヤト郡に限って六年相替の朝貢は課せられていたのであった。それは、朝貢引率者としてのハヤトの首長層には、朝廷で授位・賜禄があったが、そこに散見される首長層の氏名に、非ハヤト郡のそれらしい名が見えないことである。非ハヤト郡には朝貢は課せられていなかったし、またそれを課す必然性も認められない。

粟を多作

つぎに、「薩摩国正税帳」には、稲・粟などの穀物をはじめ、塩・酒・糒《ほしいひ》（乾飯・干飯）などが収入（在庫）の部に記録されているが、穀物のなかで粟の占める割合が、他の諸国に比べて高いことが注目される。

諸国の正税帳で断簡ながら伝存するものは、二十国余にのぼっているが、粟についての記載があるものは、そのうちの約三分の一で七国ほどである。断簡史料であるから、それらを対比することには整合性に欠けるところがあるが、結論だけ記すと、稲に対する粟の比率は薩摩国では約一六パーセントから、高いほうでは約三一パーセントになる。しかし、他の諸国ではせいぜい数パーセントであり、大差がある。

薩摩国のこの状況からすると、耕地にかなりの畑地があったことが推定できるし、その一部には焼畑が利用されていた可能性も大きいと考えている。前節で述べた班田制導入の遅延の問題とあいまって、考慮されなければならないことであろう。

つぎに、ハヤトへの教化策あるいは懐柔策の一環とも受けとめられる、仏教・儒教などの諸行事が具体的に記されていることである。国庁での行事であるから、一般のハヤトが参加することは考えにくいが、郡司層が参加したり、見聞したりする機会は推定できるので、かれらを通じて一般ハヤトへの教化の効果を期待したことが考えられる。

国分寺以前に仏教行事

仏教行事では、「當國僧一二」軀《く》が存在したことが知られ、国分寺創建以前にしては、かなりの数にのぼっている。これらの当国僧は正月一四日に金光明最勝王経《こんこうみょうさいしょうおうきょう》などの護国経を読むのが恒例になっていたし、また年間を通じても活動していたことが、供養料稲の支出からわかる。さらに、春秋に孔子を祭る釈奠《せきてん》が行なわれていることから、儒教行事も定着しつつあったことが知られる。

その釈奠には、「國司以下學生以上惣七十二人」が参加している。そのなかには、おそらく郡司層の一部が加えられてもいたのであろう。学生が参加していることから、薩摩に国学が存在したことも明らかで、郡司の子弟などが教育を受けていたとみられる。薩摩は中国であったから（次節）、令制では学生の定員は三〇人であるが、その定員を充足していたのかは不明である。

遣唐使船に食料供給

つぎに、薩摩国は九州西岸を往来する遣唐使船の航路にも近く、ときに遣唐使船に食料などを供給することがあった。その一例が、たまたま天平八年にあり、正税帳に記載されている。このときは、遣唐使第二船に稲・酒を供給している。

この遣唐使は、天平五年（七三三）四月に発遣された一行で、四隻に五九四人が分乗している。大使は多治比広成《たじひのひろなり》、副使は中臣名代《なかとみのなしろ》であった。一行のなかに、唐僧鑑真を招請する目的の留学僧栄叡《ようえい》・普照《ふしょう》らも同乗していた。この一行のうちの副使中臣名代の乗った第二船が、その帰路に薩摩に寄港したのであった。

第二船については『続日本紀』に、天平八年八月に副使・唐人三人・波斯《はし》人一人が拝朝したとの記述がある。拝朝は帰朝報告でもあろうから、かれらはこの数ヵ月前に薩摩で供給を受けたとの推定が可能であろう。それにしても、天平期の薩摩国に唐人や波斯人（ペルシア人）が一時的にも立ち寄っていることは、後世の鉄砲伝来・キリスト教伝来などともあいまって、南九州が海外との接点に立地していることを、あらためて気づかせるものである。

定員以上の郡司

つぎに、「薩摩国正税帳」には一部の郡の郡司名が記されている。それによると、薩摩郡・阿多郡などの郡司数が規定より多いことがわかる。両郡ともに大領《だいりょう》・少領《しょうりょう》・主政《しゅせい》各一名のほかに、主帳《しゅちょう》が二名の計五名もいる。さきの『和名抄』の郷数をそのままあてはめるとすると、この二郡は規模からして小郡（薩摩郡三郷）と下郡《げ》（阿多郡四郷）にしかあてはまらない。令制では、小郡は領・主帳各一名の計二名であり、下郡は大領・少領・主帳各一名の計三名である。多少の郷数の変動を考慮しても、郡司数が多すぎる。

その一因は、郡司がハヤトの朝貢を引率するので、不在になることを見込んでいるとみられる。さらには、ハヤト郡の支配の徹底をはかったとも考えられる。そのような視点でみると、主政・主帳クラスに外部から登用したとみられる人名があり、在地勢力だけの郡司任用による旧守的末端支配に、律令政府が令制による方向づけをはかったといえそうである。

このほか、駅使・伝使に食料・酒を提供したり、賑給《しんごう》もハヤト郡にまで行なわれている。賑給は、高齢者・鰥寡惸独《かんかけいどく》（身寄りのない者、四種）・病人・貧窮者などに稲・布などを支給するものである。これらの賑給は、天皇の恩徳を人民におよぼすもので、被支給者は直接・間接に天皇の支配下にあることを意識させられることになろう。

このようにみてくると、天平期のハヤト支配は、他の諸国と大きな格差があるとは思えない。毎年の正税帳を政府に提出し、勘検を受けること自体、それをよく示している。

ただ、ハヤト郡では班田未実施で、六年相替の朝貢が行なわれていた点に、諸国との異質性が集約されていた。

大宰府出土の木簡

天平期の史料として新しく加わったものに大宰府出土の木簡がある。ハヤト国と大宰府との関係についてはすでに述べたが（第五章）、ハヤト国の産物は宮都ばかりでなく、まず大宰府に運ばれていた。「薩摩国正税帳」には、甘葛煎《あまづらせん》（甘味料）・鹿皮などを運んだ担夫の記録があるが、『延喜式』では大隅国から紫草《むらさきぐさ》（薬用・染料）を一八〇〇斤出すことにもなっていた。

天平期の木簡はこれらの物品の一部につけられていた付札《つけふだ》（荷札状のもの）とみられるが、具体的な物品名は明らかでない。書かれていたのは地名が多く、つぎのようである。

・南九州本土関係　「薩麻国枯根」「麑嶋六十四斗」「薩麻頴娃」「桑原郡」「大隅郡」

・南島関係　「掩美嶋」「伊藍嶋□□」

また、平城宮跡からは奈良時代前半期の嶋司の考課（勤務評定）を示すとみられる「多褹嶋考六巻 状六巻」（表）・「三番」（裏）の木簡も出土している。

四　ハヤト国の財政は下国以下

ハヤト二国が稲作に不適な地形・地質であることは、第一章以下で述べたところであるが、天平期になると、その状況が財政上の問題として、史料にみえてくる。

その前提として、国には大国《だいこく》・上国《じょう》・中国《ちゅう》・下国《げ》の四等級があった。この四等級が何をもって定められたのかは、厳密には明らかでないし、まれにではあるが、ときに等級の異動もある。西海道（九州）でいえば、大国として肥後、上国として筑前・筑後・豊前・豊後・肥前、中国として日向・大隅・薩摩、下国として壱岐・対馬（多褹嶋も下国であろう）などのそれぞれ諸国嶋が格づけされていた。肥後国は奈良時代には上国であったとみられるが、延暦一四年（七九五）には西海道唯一の大国になっている。九世紀末ごろの全国の等級をみると、大国一三・上国三五・中国一一・下国九で、大半は大国・上国であった。

天平一七年（七四五）に、諸国出挙《すいこ》の正税《しょうぜい》を論定している。これは、各国が一定の正税を貸し出し（出挙）、その利稲（利率は五割、あるいは三割と変動）で国の必要経費をまかなうもので、論定稲《ろんていとう》といわれるものである。ハヤト二国の論定稲の額は不明であるが、つぎに述べる公廨稲《くげとう》とほぼ同額とみられている。

公廨稲は、同じ天平一七年に論定稲とは別に定めたもので、各国は一定の公廨稲を出挙し、その利稲は、さきの正税（論定稲）出挙の欠損を補塡《ほてん》することと、国司の給与にあてることにした。公廨稲の出挙利稲と国司の給与が結びつくことは、利稲をふやすために国司が出挙にとりくむ積極性をうながしたとみられる。

公廨稲はわずか四万束

定められた公廨稲は、大国四〇万束・上国三〇万束・中国二〇万束・下国一〇万束であった。ところが、大隅・薩摩両国は中国でありながら「各四万束」とある。下国の半分にも満たない額であった。いまだ班田も実施できないハヤト二国の実情が、ここにも露呈している。ちなみに、一束は現在の米二升（約三キロ）に相当する量である。

この天平一七年から七五年ほどのちの、『弘仁式《こうにんしき》』（八二〇年成立）によると、いくらか増加している。そこでは、

大隅國　正税・公廨各六万束。

薩摩國　正税・公廨各六万束。

とあり、二国とも同額であるが、以前より二万束程度ふえている。といっても、この時期にはハヤト二国の班田制が実施されていたことを考えると、もう少し増加してもよいと思われるのだが、この数値からみると、二国の稲作事情のきびしさが、かえってうかがえるようである。ところが、周辺国の正税・公廨をみると、また意外な事実も浮上してくる。というのは、同じ『弘仁式』によると、

日向國　正税・公廨各十五万束。國分寺料三万束當國一万束。大隅國二万束。

肥後國　正税・公廨各四十万束。國分寺料八万束當國六万束。薩摩國二万束。

とある。周辺の日向・肥後両国との財政規模の格差は判然としているが、大隅国の国分寺の経営費を日向国が負担し、薩摩国のそれは肥後国が負担していることに気づかされるのである。「諸國に國分僧寺・尼寺を建立せよ」との詔が出されたのは、天平一三年（七四一）であった。しかしその後、大隅・薩摩両国の国分寺の建立を伝える史料は見出されないままであった。ところが、この『弘仁式』に両国の国分寺経営費につき、それぞれの隣国から二万束ずつ支援を受けていることから、八二〇年以前には建立されていたことがわかる。

つづく財政難

いっぽう、その経営費すらまかなえないことを知らされると、両国の国分寺建立費はどこが負担したのか、という新たな疑問も生じてくるが、それについては史料は黙して語ってくれない。『弘仁式』からおよそ一世紀を経て成立した『延喜式』（九二七年）ではどうであろうか。そこには、つぎのように記されている。

大隅國　正税八万六千四十束、公廨八万五千束。國分寺料二万束。（下略）

薩摩國　正税・公廨各八万五千束。國分寺料二万束。（下略）

この時期になると、両国の正税・公廨は各およそ八万五〇〇〇束になっている。しかし、同じ中国である日向国の「正税・公廨各一五万束」に比べても、ようやく半分を越えた程度であり、名目だけの中国で実質がともなっていない。それでも、国分寺経営費はようやく自前でまかなえるようになっている。

なお、多褹嶋《たねとう》が国に準じて七〇二年ごろに成立していたことは、前章で述べた通りであるが、その財政はどうなっていたのであろうか。多褹嶋については、天平一七年の諸国出挙正税の論定の際には、「但《ただ》し、多禰・対馬の両嶋は並びに限《かぎり》に入れず」として、除外されていた。そして、『弘仁式』になると、

多褹嶋　正税二千八十束。

とあって、公廨については記されていない。西海道（九州）の他の二嶋は、対馬嶋「正税三千九百二十束」、壱岐嶋「正税一万五千束、公廨五万束」とあるから、特別な国制をしく三嶋のなかでも、多褹嶋の財政は弱体であったことがわかる。その国分寺（嶋分寺）料などの記載もないので、存否を含めて、多褹嶋の国分寺については不詳というほかない。また、『延喜式』には多褹嶋の記載がない。それは多褹嶋が天長元年（八二四）に、大隅国に併合されたという事情による。

南九州の大隅・薩摩両国、それに多褹嶋を加えた財政状況を概観すると、全般的には貧弱としかいえないであろう。それを、『弘仁式』によって西海道の九国三嶋のなかで対比すると、どうであろうか。

西海道の諸国嶋では、大国の肥後（正税・公廨各四〇万束）、上国の筑前・筑後・肥前・豊前・豊後（いずれも正税・公廨各二〇万束）の六国は、自国の財政をまかなったうえで、大宰府の「府官公廨」

（主に役人の給与）として、肥後が三五万束、他の三国が各一五万束、二国が各一〇万束、計一〇〇万束の出挙利稲を提供していた。日向国にはそのような負担もなく、ほぼ自前のみであった。

とすると、大隅・薩摩両国と壱岐・対馬・多褹三嶋は、さきの国分寺料のほかに、何らかの支援を受けていたことが推察される。その一例を示す記事が、天平宝字四年（七六〇）にみえる。

> 大隅・薩摩・壱岐・対馬・多褹等の司《つかさ》は、身辺要《へんえう》に居《を》りて稍《やや》く飢寒《きかん》に苦しむ。挙《こ》（出挙）するに官稲に乏しくして、曾《かつ》て利を得ず。（中略）大宰の管する諸國の地子《ぢし》（利稲）を割《さ》きて、各給ふべし。守《かみ》には一万束、掾《じよう》には七千五百束、目《さかん》には五千束、史生《ししやう》には二千五百束。（下略）

このような臨時的施策を講じることによって、二国三嶋の国司たちは遠地にある苦労を慰められていたのであった。右の記事は、「以って遠戍《ゑんじゆ》（遠地の守り）を資《たす》けて、稍《やや》く羈情《きじやう》（異郷暮らし）を慰めむ」、と結んでいる。

さきの班田制の導入、そして正税・公廨稲による財政は、いずれもハヤト二国にとっては、稲に価値観を集約させた中央政権の強制的施策の結果であり、無理難題の押しつけであった。

それでも、南九州のハヤトたちは生きぬいてきたのである。

五　藤原広嗣の乱とハヤト

藤原広嗣《ひろつぐ》は、藤原四家のなかの式家宇合《うまかい》の長子である。天平期の藤原氏は、その前半期では功臣不《ふ》比等《ひと》の四子（武智麻呂《むちまろ》・房前《ふささき》・宇合・麻呂）の活躍で、その勢力を上昇させていた。しかし、天平九年（七三七）に天然痘の流行で、四子が相ついで没すると、橘諸兄《たちばなのもろえ》が右大臣として台頭し、藤原氏は不遇の時期を迎えた。

そのような情勢のなかで、天平一〇年末に広嗣は大養徳《やまと》（大和）守《かみ》から大宰少弐《しょうに》（次官）に任ぜられ、都から遠ざけられた。それからおよそ二年後、広嗣は大宰府から上表して、「時政の得失」を指している。その要旨は、僧正玄昉《げんぼう》と下道《しもつみち》（吉備《きび》）真備《まきび》を除け、ということであった。橘諸兄を直接には批判せず、側近として重用されていた、玄昉と真備を非難したのであった。

その数日後の、天平一二年（七四〇）九月初め、広嗣はついに挙兵したことが、朝廷に伝えられている。朝廷ではただちに大野東人《おおののあずまひと》を大将軍とし、副将軍・軍監《ぐんげん》・軍曹《ぐんそう》らを任命し、東海・東山《とうさん》・山陰・山陽・南海の五道の兵一万七〇〇〇人を徴発し、征討に向かわせた。

両軍それぞれにハヤト

そのいっぽうで、畿内ハヤトが主とみられる「隼人二十四人」を御在所《ございしょ》に召し、右大臣橘諸兄が天皇の勅《みことのり》を宣《の》べて、位を授け、当色の服を賜与して発遣させている。広嗣軍のなかに南九州のハヤトが参加している情報を得た朝廷の機敏かつ巧妙な対応である。

畿内ハヤトなどを起用して、前線での宣撫工作に従わせようというのである。それも、天皇の御在所で、官位を授けて厚遇し、位階相当の服まで給与するという、行きとどいた配慮であったから、二四人の畿内ハヤトたちは感激し、忠誠心を高揚させたとみられる。この朝廷の作戦と配慮は、後日みごとに効を奏することになった。

その後の大将軍の奏言によれば、逆賊広嗣は衆一万騎ばかりを率いて、板櫃河《いたびつがわ》（現、北九州市小倉北区の紫川《むらさき》）の西にいたり、みずからハヤト軍を率いて、その前鋒（先鋒）にあった。また、木を編《あ》み船として河を渡ろうともしていた。

ここにいたるまでには、大将軍側・広嗣軍側それぞれの戦況を伝える記事もある。その板櫃河をはさんでの両軍の対陣が勝敗を分ける決戦場となった。戦闘には烽火《のろし》や弩《おおゆみ》（機械じかけの弓）なども用いられ、激戦であったことが知られるが、河をはさんでの緊張した睨み合いのなかで、河東に到着していた朝廷派遣のハヤトによる、河西の広嗣軍側のハヤトへのよびかけがあった。それは、つぎのような内容であった。

逆人廣嗣に随《したが》ひて官軍を拒捍《ふせ》ぐ者は、直《ただ》にその身を滅ぼすのみに非《あら》ず、罪は妻子親族に及ばん。

このよびかけを聞いた広嗣軍側のハヤトたちは、にわかにたじろぎはじめた。意外な場所で、予期せぬときに、ハヤト独特のことばを聞いたのである。それも敵軍のなかから発せられたのは、まさに衝撃であった。

どちらが官軍か

広嗣軍についていたハヤトたちは、それまでは自分たちが官軍だと思っていたのである。「遠《とほ》の朝廷《みかど》」の大宰府からの命令を、朝廷のそれと信じ、南九州の遠地から馬で駆けつけたのであった。ところが、いまのよびかけによると、官軍は河東に陣し、河西の自分たちは反逆人側についていたのであった。河東のハヤトのことばは、同志のものとして聞くがまま真実であり、疑う余地はなかった。かれらは、広嗣に欺かれたことに気づくが、後悔してみても、すべては後の祭りであった。

その後は、広嗣軍のハヤトたちは相ついで戦列をはなれ、官軍側に降服している。そのようすは、つぎのように伝えられている。

時に、隼人三人直《ただ》ちに河の中より泳ぎ來《きた》りて降服《まつろ》ふ。朝廷の遣はせる隼人ら、扶《たす》け救ひて、遂に岸に着くことを得《う》。仍《すなは》ち降服《まつろ》へる隼人二十人、廣嗣の衆《いくさ》十許騎《ばかりのき》、官軍に來帰す。

また、降服したハヤトの一人、贈唹君多理志佐《そおのきみたりしさ》は広嗣軍の軍勢の状況を、官軍側につぎのようにもらしている。すなわち、広嗣はみずから大隅・薩摩・筑前・豊後など諸国の軍、合わせて五〇〇〇人を率いて鞍手道《くらてじ》（現、福岡県直方《のうがた》市付近）より進んでいる。弟の綱手《つなて》は筑後・肥前などの国の軍、合わせて五〇〇〇人ばかりを率いて豊後経由で進んでいる。また、多胡古麻呂《たごのこまろ》は、率いる兵数は不明であるが、田河道《たがわじ》（現、福岡県田川市付近）を進んでいる。しかし、綱手・古麻呂両軍の到来は遅れている、と。

ハヤトの降服が戦局の一つの転機となったとみられるが、広嗣は退却せざるをえなくなり、十数日後には肥前国松浦《まつら》郡値嘉島《ちかのしま》（五島列島）で捕らえられている。船で朝鮮半島へ向かおうとしていたのか、躭羅島《たむらとう》（済州島）付近で逆風にあい、漂流して五島に着いたようである。捕らえられた広嗣は、綱手とともに一一月一日に処刑されている。

朝廷に反乱の第一報が入ったのが九月三日であったから、ほぼ二ヵ月で終決を迎えたことになる。

ハヤトの行動特性

この広嗣の乱におけるハヤトの対応を観察すると、古代南九州の住民ハヤトの行動特性ともいえそうなものが、いくつか見えてくる。

ハヤトは養老四年（七二〇）から翌年にかけて、大伴旅人の率いる政府軍を相手に、長期の大抗戦を続けた。その戦闘力と粘り強さには、驚くべきものがあった。ところが、この敗戦を機に、以後一転して従順な姿勢をみせている。その特性が広嗣の乱におけるハヤトの参戦にもよくあらわれている。

朝廷の出先、大宰府からの命令となると、遠路をものともせず、駆けつけているのである。広嗣の乱に徴発された国をみると、ハヤト国を除くと、ほぼ九州北半の諸国であり、肥後・日向両国の兵は参加していない。ところが、南端の大隅・薩摩両国は広嗣軍の先鋒となるほどに、積極的であった。

敵対していた相手に、一転して積極的に接近して身を処する例は、その後の南九州の人びとの歴史のなかで、いくつか見出すことができるように思う。それだけ、機を見るに敏であり、見方を変えることが早い。ここでは、広嗣側について参戦したのも、畿内ハヤトの呼びかけに応じて降服したのも、さらに贈唹君多理志佐のように、それまで属していた広嗣軍の軍略情報を官軍側に伝えたのも、そのような例であろう。

このような行動特性は、日本列島の南端にあり、かつ周囲を海にかこまれた、情報の交錯する立地で生きてきた人びとが、おのずから身につけた習性にも近いものであろうか。

かれらはまた、外部に対しては身構えることがしばしばみられ、団結し、徒党を組むことも多い。その団結力が、養老の大抗戦を支えた一因であろうが、いっぽうでは、排他的ともみられよう。また、団結した集団内部の同志への情も厚かったようである。

広嗣は、その団結力がもたらすハヤトの戦闘力を買ったのであったが、朝廷はハヤトの「同志への情」を利用して、ハヤトの戦闘力をにぶらせ、味方に誘い込んだのであった。朝廷側の作戦勝ちである。

ところで、贈唹君多理志佐は、ときに曾乃君・多利志佐とも表記されるように、大隅国曾於郡に盤踞した豪族曾乃君(曾君)の一族であろう。曾乃君は、かつての養老の大抗戦の主力であったとみられる。広嗣が、その曾乃君に参戦をうながし、曾乃君がそれに応じていることは、反乱成功への重要な見通しを得ていたと思われる。広嗣の反乱計画は、かなり前から練られていたことが推察されよう。しかし、贈唹君多理志佐の行動は、結果的には広嗣の意のままには動かず、かえって反乱失敗の大きな一因となった。

多理志佐は、その後昇位を重ね、天平勝宝元年（七四九）には従五位下に昇り、貴族の末端に名を連ねることになった。ハヤトへの叙位は外位《げい》（地方豪族を主にした官位）が一般的であり、内位《ないい》（中央官人を主にした官位）の五位に叙せられることは、まれな例である。

第七章　ハヤト国と南島世界

一　黒潮に乗ってくる南島人

南九州本土と、その南に連なる南島世界を結ぶ道、そこには黒潮の大きな流れがある。「海上の道」という表現は、民俗学の先駆者柳田国男の著書名として知られるだけではなく、海が道であることを、人びとに認識させた。

黒潮はコンベアー

その海に、つごうのよい一定の流れがあれば、海は自然のもたらした大コンベアーであり、人と物を運ぶ文化の運搬者となる。南九州本土と南島は海によってへだてられていたわけではなく、海によって結びつけられてきたのであった。

黒潮は、フィリピンのルソン島の東方から台湾島の東を北上し、沖縄の八重山列島を横切って東シナ海に入り、北へ北へと流れて、トカラ列島あたりで二つに分かれる。トカラ列島を横断する日本海流と、九州西岸を北上する対馬海流である。この二つの流れは、南九州本土の東岸と西岸に接するようにして、北にのぼっていく。

黒潮の流速は、平均すれば二・三ノットほどといわれる（一ノットは時速一八五二メートル）。時速約四・三キロぐらいの自然の流れは、南島の文物を古くから南九州にもたらしていた。いっぽう、南九州の人びとは、早くから南島世界に関心をいだき、この海を季節風などを利用して南下していた。

南九州の西岸に立地する鹿児島県日置《ひおき》郡市来《いちき》町（現　いちき串木野《くしきの》市）の市来貝塚は、いまから約四〇〇〇年前の縄文時代晩期の遺跡である。この遺跡からは人骨のほかに、南海産の貝であるオオツタノハを素材にした貝輪が出土している。また、この貝塚出土の土器を標式とする市来式土器は、口《こう》縁《えん》部に盛り上がった隆帯をめぐらし、さらに貝殻で文様をつけた特異な形式で知られている。

その市来式土器は、奄美島・徳之島、そして沖縄本島の浦添《うらそえ》貝塚などで出土している。これらの遺物からして、約四〇〇〇年前に南九州本土と南島諸地域との間に交流があったことは明らかである。その交流には、文化の根付き現象すらみられる。というのは、浦添貝塚出土の市来式土器は、その胎《たい》土《ど》（土器本体を形づくっている粘土）からみて、南九州から沖縄に渡った市来系の人物がつくった、現地産のものといわれているからである。

また、視点を広げて、九州的視座でみると、九州中部（現、熊本県を中心とした地域）にルーツが求められる轟《とどろき》式土器・曽畑《そばた》式土器など、縄文時代前期（約五〇〇〇～六〇〇〇年前）の土器が種子・屋久両島、さらに奄美・沖縄諸島からも出土しているので、交流の歴史は古くさかのぼり、市来式土器の出現以前からあったことも想像に難くない。
時代をくだって、いまから約二千数百年前の弥生時代には、沖縄諸島産の大型貝ゴホウラなどが、薩摩半島西岸の高橋貝塚などに運ばれ、腕輪状に半加工されて、日本列島各地に移出されていたことはすでに述べた（第一章）。

南島人の渡来記録

ところで、文献記録によって、南島の人びとの渡来が確かめられるのは、いつごろからであろうか。じつは、『日本書紀』の推古朝の記事に、初めて南島人のことが記されている。七世紀前半にあたる時期である。連続するような、つぎの(A)〜(E)の五つの記事である。

(A)　推古二四年（六一六）
三月　掖玖《やく》の人三口歸化す。
五月　夜勾《やく》の人七口來たる。
七月　また掖玖の人廿口來たる。先後合わせて三十人。皆朴井《えのい》に安置するも、還るに及ばずして皆死ぬ。

(B)　推古二八年（六二〇）
八月　掖玖人二口、伊豆嶋に流れ來たる。

(C)　舒明《じょめい》元年（六二九）

四月　田部連《たべのむらじ》（名を欠く）を掖玖に遣はす。

(D)舒明二年（六三〇）

是月《このつき》（九月）　田部連等が掖玖より至る。

(E)舒明三年（六三一）

二月　掖玖の人帰化す。

この記事に少し解釈を加えてみよう。

(A)では、三月にヤクの人が三人帰化してきた。五月にヤクの人七人が来た。七月にはヤクの人が二〇人来た。前後の合計三〇人をすべて朴井という所に安住させたが、帰還することができぬまま、全員死亡した、というのである。

ヤクの表記に「掖玖」あるいは「夜勾」とあるが、文意からして同じ地域をさしていることは明らかであろう。

(B)以下では、ヤクの人はその後も伊豆の島に二人流れてきた。そこで朝廷では、田部連某（名が闕《か》けてくわしくはわからぬ人物）をヤクに派遣しているが、使者は翌年帰ってきている。約一年半かけてヤクを調査し、その状況を朝廷に報告したものとみられる。

朝廷では、つぎつぎに帰化・渡来するヤクの人について、いまだくわしい情報をもっていなかったため、使者を派遣してヤクの人の原郷を調べさせたのであろうが、そのヤクとはどこであろうか。

ヤクの音読みからすると、すぐ思い浮かぶのは、現在の鹿児島県大隅諸島の屋久島であろう。いまは、世界自然遺産にもなって一段と知られるようになった。ところが、ヤクを屋久島に限定すると、記事の内容からみて不合理な点が少なからずある（南島地図は一七六ページ）。

というのは、屋久島はそれほど大きな島でないうえに、島内には宮之浦岳（一九三五メートル）をはじめ高山が林立し、集落はいまでも島の縁辺部の海岸線にそってへばりつくように点在し、人口もそんなに多くはない。したがって、古代にもさほど多くの人が住んでいたとは想像しにくい島である。

そのような屋久島の状況から判断すると、屋久島だけから人びとが漂着したり、帰化したりするのであろうか。また朝廷では、それをなぜ何回も記録しているのであろうか。わからないことばかりである。ただ、朝廷がヤクの人びとに関心と興味を示していることだけは確かである。

ヤク人の渡来の記録は、少人数ずつで分かれており、いかにも丸木船に分乗してやってきた実感がある。収容された朴井の地名は畿内にいくつかあって特定はできないが、「安置」したという表現からすると、朝廷ではかれらに好意的に接しているようである。

朝廷がヤク人を安置し、かれらの住む地域に強い関心をもっていたことは、(C)の記事の使者派遣にあらわれている。使者となった田部連の一行は、(D)の記事によると約一年六ヵ月後に帰朝している。この期間は、前に述べた南島覓国使一行の出発から帰着までの一年七ヵ月にかなり近い（第五章）。

そこで、ヤク人の居住地域を屋久島に限定せず、ほぼ南島にあたる広い地域の古称ではないかと想定してみると、(A)〜(E)の記事は理解しやすくなる。中国の史書『隋書』によると、隋が「流求《りゅうきゅう》」としている国は、倭国では「夷邪久國」、すなわちイヤク国とよんでいたとの記事があり、ヤクに近い（後述）。とすると、この考え方はそれほど見当違いでもない。

二　『隋書』のなかの南島

ヤクをほぼ南島にあたる地域とみなすと、つぎには、この時期にヤク人の来朝記事が集中するのはなぜであろうか、という問題があろう。その背景を追ってみたい。

緊迫する東アジア情勢

まず、ヤク人が来朝した六〇〇年代の初頭の前後、東アジアの情勢が、きわめて緊迫していたことが気になる。その主なる震源地は中国本土にあった。

中国では、三世紀以来の政治的分裂をようやく収拾して、五八九年に隋が中国を統一した。しかし、混乱の火種は各地にあった。朝鮮半島北部から大陸北東部に勢力をもっていた高句麗とは対立がつづき、隋は高句麗への遠征をくりかえしていた。いっぽう隋の国内では、官僚や農民が画一的な支配にそれぞれ反発し、各地で反乱がおこり、しだいに全国に拡大する様相をみせていた。その結果、隋は三〇年存続することができず、六一八年には煬帝《ようだい》が殺され、唐が群雄を平定して新しい統一国家を建てた。

また、朝鮮半島の南半では、新羅と加羅《から》諸国(朝鮮半島南部)が対立して、攻防をくりかえしていた。推古女帝の朝廷では、加羅諸国を支援するため、来目《くめ》・当麻《たぎま》両皇子らを征新羅将軍に任命して、大軍をもっての新羅攻略を計画していた。

このような東アジアの緊迫した流動的情勢の影響が、南島にも徐々に波及するようになり、その動揺の一端がヤク人の来朝を生ぜしめたと思われる。また朝廷でも、支配領域の周縁のことであったから、情勢への敏感な反応を示し、ヤクへの使者派遣となったとみられる。

推古女帝の朝廷では、このような東アジア情勢を的確に判断するためにも、遣隋使の派遣が計画され、実行に移された。

遣隋使派遣

遣隋使を送った記録は、『日本書紀』では推古一五年(六〇七)に小野妹子《おののいもこ》らを派遣したのが最初となっている。ついで翌一六年にふたたび小野妹子を、さらに同二二年(六一四)に犬上御田鍬《いぬかみのみたすき》らを派遣し、計三回となっている。

ところが、中国側の記録である『隋書』倭国伝によると、文帝《ぶんてい》の開皇二〇年(六〇〇)に倭王が「使を遣はして闕《みかど》に詣《いた》る」とあり、当時の倭国の状況を述べた記述がある。また、同書煬帝紀《ようだい》によると、大業六年(六一〇)にも隋に使者が派遣されているが、このときの記事は簡略で、具体的内容を知ることはできない。

『隋書』には、このようにしばしば日本の史書に欠けている記事がある。その点では、同書の倭国伝や流求伝（南島を含む）は、日本古代史の研究に役立つことが少なからずある。その流求伝に焦点をあててみたい。

『隋書』は、隋代（五八九～六一八）の正史で、その主要な部分は貞観《じょうがん》一〇年（六三六）に成立している。その一部、『隋書』流求伝が、琉球すなわち沖縄をさしているのかについては、多少の疑問がある。というのは、そのなかの記録は社会・風俗・動物・植物、そして住民の容貌などを伝えているが、すべてが琉球とは限定できない記述もあるからである。

たとえば、住民は好戦的な性向をもち、「闘死せる者を収取し、聚《あつま》りて之を食ふ」とあって、食人の習俗があったことを述べている。それも一ヵ所にとどまらず、別の箇所では「南境の風俗は少しく異なる。人の死する者あらば、邑里《いふり》共に之《これ》を食す」ともあって、流求の南境では死者が出たら、村里の人びとがその死者の肉を食する、ともある。さらには、「闘戦にて人を殺さば、（中略）髑髏《どくろ》を樹上に懸《か》けて、箭《や》を以て之を射る」ともあって、沖縄の古代の状況とは想定しがたいところがある。

したがって、『隋書』流求伝の記す「流求」とは、沖縄説のほかに台湾説、さらには沖縄・台湾両地域説などが唱えられている。

『日本書紀』に記されたヤクが、ほぼ南島をさしていることは、すでに述べたところである。そのヤクが、じつは『隋書』にも記述されている。

『隋書』のイヤク国

隋の煬帝は大業三年（六〇七）に使者を派遣して、海の向こうの異俗の地を訪ねさせた。そして、ついに流求国にいたったという。しかしことばが通じなかったので、現地人一人を掠奪して連れ帰った。皇帝は翌年にまた、同じ使者を遣わして流求を慰撫させたが、従わなかった。そこで使者は「布《ふ》甲《こう》」を取って帰還した。布甲の実体はわからないが、厚手の布でつくった甲《よろい》のようなものでもあろうか。

その布甲を、倭国からやってきた使者に見せた。そのときのようすを、『隋書』はつぎのように記している。

時に倭國の使來朝し、之を見て曰《いは》く、此《こ》れ夷《い》邪《や》久《く》國《こく》人の用うる所也と。帝は（使者をして）兵を率ゐて、義安より海に浮かびて之を撃《う》たしむ。（ある島嶼《とうしょ》に至り）又、東行すること二日にして（次の）島嶼に至り、又一日にして便《すなは》ち流求に至る。

ここに記されている「倭國」は「俀國《たいこく》」のことで、日本とは異なる別の国である、とする説があるが、私は記事の内容からして、倭国の使者が遣隋使（小野妹子一行）であったと考えているので、俀国説は否定する。

この『隋書』流求伝の記事からすると、隋が流求としている国は、倭国では「夷邪久國」とよんでいたことになる。イヤクは聞き方によっては音がヤクと通じるので、そのままでも南島の意であろうとの推測が可能であるが、「夷」と「邪久」と分けて考えることもできよう。すなわち、夷＝エビスのヤク国である。

夷には、ともがら・仲間の意もあるが、古代では一般的に野蛮な人・未開人の意で用いられ、古代中国では倭国を「東夷《とうい》」とも表現していたので、南島のことを、倭国の使者が中国人に理解しやすいように「夷邪久國」として紹介したことも、ありうることである。

つぎに、流求の位置について、『隋書』流求伝には、さきの襲撃の際の日程のほかに、「流求國は海東の中に居る。建安郡の東に当たり、水行すること五日にして至る」とある。

建安郡は現在の福建省（台湾の対岸部一帯）の北部である。ちなみに、さきに引用した流求伝の文中の義安は、福建省の南にあたる。

その間の航行日数五日について、明・清代に流求に派遣した冊封使《さくほうし》の、往復日数が知られる一四例の平均では約一二日であり、片道日数で最短は三日であったことなどから、無理ではない航程と考えられる。

また、流求には「王」が存在したことも明記されているが、隋の攻撃に対して抵抗していることなどからみて、すでに七世紀初頭には沖縄本島を中心にして王国が形成されていたことが推察できる。

『隋書』流求伝には、隋が流求に服属を求めたのに対し、「流求は従はず、官軍に拒逆す」とあり、

写真11　奄美の神女たちが幸をもたらす神を招く行事のヒラセマンカイは，海の信仰を示す代表例（鹿児島県大島郡竜郷町）

そこで隋は、「撃《う》ちて之を走らしめ、進みて其《そ》の都に至る。頻《しき》りに戦ひて皆敗る。其の宮室を焚《や》き、其の男女数千人を虜《とりこ》にす」とある。

この記述からすると、流求王国には都があって、そこには宮室があり、相当数の軍兵を擁していたことも知られる。

南島習俗との類似

『隋書』流求伝から習俗に関するいくつかの記事を拾い出してみよう。そこには、近世あるいは現代の沖縄に通じるものが種々あり、興味をそそられる。

凡《およ》そ宴会有らば、酒を執《と》る者は必ず名を呼ばるるを待ちて、而《しか》して後飲む。……歌呼《うたよび》・蹋蹄《とうてい》は、一人唱ふれば衆皆和し、音は頗《すこぶ》る哀怨《あいゑん》なり。女子を扶《たす》け髆《はく》を上げ、手を遙《ゆ》らして舞ふ。

沖縄の人びとは、現在も何かあると一緒に食事をし、酒を飲み、やがてだれかが蛇皮線を弾き、民謡を歌い出し、手拍子をとってそれに合わせる。その歌はにぎやかなようでもあるが、どこかに哀愁をおびている。そのときには舞踊がともない、男が女を助けるようにともに踊り、腕（膊）を挙げ、手をユラユラさせて舞う。

まさしく、いまの沖縄の人びとの集会・宴会のようすの再現である。蹋蹄とは、「ひづめを踏む」との意であり、踊りのときの足のようすを記している。

また、「婦人は墨を以て手に黥《げい》し、虫蛇の文《もん》を為す」とか、「産後、火を以て自ら炙《きう》して汗を出さしめれば、五日にして平復す」ともある。

図８　名越左源太『南島雑話』にある「産婦之図」（平凡社「東洋文庫」より）

前者は、婦人が手に入れ墨をする習俗であり、後者は産後に火をたいて汗を出すことによって早く体調を回復する習俗をいうのであろう。手の入れ墨は、昭和前半期まで伝存していたし、産後に火をたいて平復させる習俗についても、語らねばならないことが少なくない。なお、原文の「炙」は「炙《しゃ》」ともあって、あぶる・たく・焼くなどの意と解される。

じつは、類似の習俗が近世の奄美大島にもあった。というのは、一九世紀中ごろに薩摩藩から奄美大島に流された名越左源太《なごやさげんた》は、流配地での見聞を『南島雑話』にまとめているが、そのなかに「産婦之図」として、産婦のそばで火をたくありさまが絵によって紹介されている。これによって、幕末の南島の一隅にその習俗が残存していたことがわかる。

三　南島支配の拠点・種子島

種子島人の来朝

天武六年（六七七）の二月のことであった。南島の種子島の人びとが、突如として、大和の飛鳥《あすか》に姿をあらわした。そのようすを、『日本書紀』には、
是月《このつき》、多禰嶋人《たねがしまびと》等に飛鳥《あすか》寺の西の槻《つき》の下《もと》に饗《あへ》たまふ。
と、さりげなく記している。古代の文献に載せられた南九州・南島関係の記事としては、島名・年月・場所を具体的にあげているので、短文ながらわかりやすい。いうまでもなく、多禰《たね》島（種子島）が古代文献に初めて見える記事である。
種子島の人びとは、いつ現地を出発して、何の目的で、大和の飛鳥までやってきたのであろうか。

また、種子島の人びとは、どんな理由で饗《あえ》を賜わることにいたったのか、すなわち、ごちそうのもてなしを受けることになったのであろうか。

種子島の人びとが大和まで来た背景には、当時の朝廷の意図があってのことと、私は考えている。この時期には、種子島はまだ畿内政権に服属していないので、朝貢のために来朝したとは考えにくい。しかし、政権の首脳部の間では、南島への関心が高まっていて、早い時期に支配下に組み入れようとの意図があったとみられる。そこで、筑紫大宰（大宰府の前身）を介して来朝をうながしたのであろう。そのころ、種子島の人びとは九州本土にしばしば来航していたとみられる。

種子島の人びとの来朝から二年半以上が過ぎた、天武八年（六七九）一一月に、朝廷では種子島に使者を遣わしている。大使に倭馬飼部造連《やまとのうまかいべのみやつこむらじ》、小使に上寸主光父《うへのすぐりこうふ》が任命されている。倭馬飼部は、大和（倭）に居住して馬の飼育・調練などに従事して朝廷に仕えていた一族であり、種子島がのちに軍事的に重要視された側面があったことからすると、一族の職掌と関連しての起用との考えもできる。上寸主は、中国の魏の皇帝の後裔《こうえい》との伝承をもつ渡来系の一族である。

すでにとりあげた南島覓国使に文忌寸《ふみのいみき》博士《はかせ》・刑部《おさかべの》真木《まき》らが任命されていたが（第五章）、かれらも渡

図9　南種子町広田遺跡出土人骨から復元された南方系人物の顔（『土井ヶ浜遺跡と弥生人』より．土井ヶ浜遺跡・人類学ミュージアム提供）

来系の出自をもつことからすると、朝廷では渡来系の人びとがもっている知識や国際感覚を重視して任命したのであろう。そこには、当時の南島が東アジア世界に占める要衝としての位置を示唆するものがある。

また、大使・小使という構成からすると、この調査使節団は小規模ながら組織だった構成であったこともわかる。当然ながら従者が何人かついていたはずである。この時期の大使・小使の使節の構成は、朝鮮半島への使者などにも見える。たとえば、天武一一年（六八二）の高句麗への使者が同じ構成であった。種子島への使者は、およそ一年一〇ヵ月後の天武一〇年（六八一）に帰朝し、その結果を報告している。

種子島報告

朝廷に報告された内容は、もとは長文であったとみられるが、『日本書紀』はつぎのように簡潔にまとめて述べている。

多禰嶋《たね》に遣《つかは》せし使人等、多禰國圖を貢《たてまつ》れり。其《そ》の國、京を去ること五千餘里、筑紫の南の海中に居《あ》り。髪を切りて草の裳《も》着たり。粳稲《うるちいね》常に豊かなり。一《ひと》たび殖《う》ゑて兩《ふた》たび收《をさ》む。土毛《くにつもの》は文子《くちなし》・莞子《かま》および種々の海物等多し。

短文ながら、種子島の当時の状況が要領よくまとめられている。古代の南島の様相の一端を知る貴重な史料である。

報告に多少の解説を加えてみよう。

⑴　多禰国図が貢上されているが、おそらく地図を朝廷に提出したのであろう。伝存していないので実物は想像するしかないが、地形・気候・集落・社会・戸数・人口・田畑・牛馬・産物・行事などの概況が記載されていた可能性がある。これらのことを調査するとなると、島民の協力が不可欠であり、大和の朝廷と島民との関係は表面上は安定していたとみてよいであろう。すでに数年前に一部の島民が来朝し、大和のようすが伝えられていることからも、その想定が可能である。この調査によって、大和の朝廷では多禰島を支配領域の一区画に編入する見通しを得たとみられる。

つぎに、京からの道程を五千余里としているが、この里数は古代の一里が短いものであったとしても、オーバーな表現であろう。実測したとは思われないので、「遠い」と実感したことをこのように表現したものであろう。また、多禰島が、筑紫すなわち九州の南の海中に位置することについては、まさしく的確であった。

⑵　「髪を切りて草の裳着たり」とは、頭髪を短く切っていることと、草で編んだ裳（スカート状のもの）を着ていることで、風俗についての記述である。短髪は暖かい島の気候からして当然であろうが、とりわけ短くしていたのであろうか。また、裳は本来は女性が下半身に着るものであるが、ここでは男女の区別がない。男女とも着用していたのであろうか。

粳稲《うるちいね》は常食用の稲であり、糯稲《もち》と区別しているようである。粳稲がよくできるばかりでなく、「一たび殖ゑて両たび収む」とあるから、一度植えたら二度収穫できるというのである。これは二期作ではない。暖かいので、一度収穫したあとにヒコバエが生長し、二度も収穫できると述べているようである。先年、種子島で高齢者にこの記述についての意見をうかがったところ、いまでもよく見かけることだという。その二度目の収穫を「ヒッツ」とか、「ヒッハエ」とよぶ、土地のことばも聞くことができた。種子島ではお盆前に初収穫をすませると、ヒコバエは生長が早く、九月〜十月には二度目が実る。しかし、収穫は少ない。それでもおいしい稲がとれるので、自家用として大事にしたものだそうだ。

このような稲についての報告は、種子島を領域に編入しようとしている朝廷の要人たちを喜ばせたにちがいない。というのは、朝廷では領域の租税を稲で納めさせることを基本としていたので、要人たちにとって種子島は魅力ある土地であり、領域編入に、はずみがついたはずだからである。

(3) 土毛《くにつもの》とは土地の産物で、「支子」は梔子《くちなし》、「莞子」は蒲《がま》のことであろう。梔子は暖地に自生し果実は紅黄色の染料として古くから利用されていた。また蒲は湿地に高く生長し、細長い葉の生える植物で、その緑褐色の花は「がまの穂」として知られている。その葉を用いて、ムシロや敷物などが編まれる。種子島でも南部は湿地が多いので、蒲が使者たちの目にとまったのであろうか。「種々の海物等が多」いことは、いまでも同じである。四周を黒潮に洗われる沿海は、魚類・貝類が多種にわたって豊かである。

この報告をした使者たちは帰朝に際して、島民に再度の来朝をうながしたらしい。『日本書紀』によると、同じ年の九月の記事に、

多禰嶋の人等を飛鳥寺の西の河邊《かわのへ》に饗《あへ》たまふ。種々の樂を奏す。

とある。

この多禰島使節の一行は、その往路あるいは帰路において、南九州本土に寄港してハヤトの一部に朝貢を迫ったとみられる。その成果が、天武一一年（六八二）のハヤトの初朝貢となったと考えてよいであろう（第四章）。

ハヤトの居住域には、六世紀以前までに日向や肥後を介して、ヤマト王権の勢力の先端が迫っていた。ところが、七世紀後半のこの時期になると、政権の勢力は種子島に使節を派遣するほどに伸張しており、北と南からのはさみ撃ちに、ついに政権への服属を余儀なくされ、朝貢せざるをえなくなったのであろう。

その後、種子島は南島支配をめざす政権の拠点ともなっていった。種子島への使者派遣は、以後少なくとも二回見られ（表を参照）、さらに南島覓国使の派遣となる（第五章）。そして、大宝二年（七〇二）には、屋久島などを合わせて多褹嶋《たねとう》が一国に準じて成立することになる。

以後、天長元年（八二四）に大隅国に併合されるまで、多褹嶋は律令国家の領域南端の対外拠点として存続することになる。しかし、国家の南島支配は意のままにならず、また対外的緊張も緩和して

図10　南島遣使の記事

	出発	帰着	記事概要	期間
1	六二九(舒明元)年四月	六三〇(舒明二)年九月	田部連らを掖玖へ	一年六カ月
2	六七九(天武八)年一一月	六八一(天武一〇)年八月	倭馬飼部造連らを多禰島へ	一年一〇カ月
3	不明	六八三(天武一二)年三月	使人らを多禰へ	
4	六九五(持統九)年三月	不明	文忌寸博勢(博士)らを多禰へ	
5	六九八(文武二)年四月	六九九(文武三)年一一月	文忌寸博士・刑部真木らを南島へ	一年七カ月
6	(5と同じか)	六九九(文武三)年七月	南島諸島人朝宰に従いて来朝	

(注)①六二九・六八一両年には閏月あり。②5・6の記事は同一使節が分かれて行動した可能性がある。

くると、財政的自立のできない多褹嶋を維持・存続させる必要はなくなり、停廃されることになった。

なお、すでにみてきたように、七世紀には南島への遣使がしばしばみられる。それらを、『日本書紀』『続日本紀』から拾い出してみると、右表のようになる。

写真12　遣唐使船の復元模型（坊津町鑑真記念館蔵）

四　遣唐使船と南島路

遣唐使は、舒明二年（六三〇）以後、寛平六年（八九四）までほぼ二〇次にわたって任命されたが、そのうちの四次は停止されているので、実際に派遣されたのは一六回であろうとみられている。

つぎに、その航路についてみると、七世紀には朝鮮半島西岸ぞいの北路をとったが、新羅との関係が悪化してきたことから、八世紀以後は五島列島から大陸に向かって直行渡海する南路、ときに南西諸島を経由する南島路をとったと考えられている。しかし、南島路については、漂流した結果によるもので、所期の航路ではなかったとする見解もある。

ところが、唐僧鑑真が中国大陸を出発し、南九州に到着するまでの航跡を、その記録から追ってみると、この高僧が便乗した遣唐使船の帰路は、当初から南島路経由を計画していたとみられるので、南島路をめぐってのいくつかの問題についてとりあげてみよう。

鑑真の来日

鑑真の伝記として知られる『唐大《とうだい》和《わ》上《じょう》東征伝』によると、鑑真らの一行は天平勝宝五年（七五三）に、遣唐使第二船副使大伴古麻呂《こまろ》の帰路に便乗している。遣唐使船は四隻で編成され、第一船には大使の藤原清河《きよかわ》、第三船は副使吉備真備《きびのまきび》、第四船は判官布勢人主《ふせのひとぬし》らが分乗していた。

その航程を同書から摘記すると、つぎのようである。

(A)〔中国大陸→沖縄島〕天平勝宝五年一一月一六日中国蘇州黄泗浦《こうしほ》出航（四船同時か）。二一日阿兒奈波《おこなは》（沖縄）島到着。第一船と同時到着。しかし、第三船は「昨夜已《すでに》泊㆓同處㆒」とあり、一日早く到着している。

(B)〔沖縄島→屋久島〕同年一二月六日、第二船「發向㆓多禰《たね》㆒去、七日至㆓益救《やく》嶋㆒」。第一船「著《つきて》㆑石不㆑動」とあり、その後翌年三月に大宰府から漂流したとの報告あり。第三・四船はそれぞれ紀伊国牟漏埼《むろのさき》、薩摩国石籬浦《いしがきうら》に後日漂着。

(C)〔屋久島→薩摩半島・秋妻屋浦《あきめやうら》〕同年一二月一八日、第二船屋久島出発「十九日風雨大發不㆑知㆓四方㆒、午《うま》時浪上見㆓山頂㆒」、そして翌二〇日「午時、第二舟著㆓薩摩國阿多郡秋妻屋浦㆒」

とあり、秋妻屋浦は現在の鹿児島県南さつま市坊津《ぼうのつ》町秋目《あきめ》に比定されている。

(D)〔秋妻屋浦→大宰府〕同年一二月二六日、鑑真は僧延慶《えんぎょう》の案内で大宰府に到着。

(E)〔大宰府→難波〕天平勝宝六年（七五四）二月一日、鑑真一行難波に到着。

(F)〔難波→平城京〕同年二月三日一行は河内を経由、翌四日入京。

以上が、鑑真一行が中国大陸をはなれて、平城京に入るまでの概略である。この記録は、鑑真の伝記であるため、第二船を主にしており、ほかの三隻については部分的にしか記されていない。

まず、(A)の中国大陸から沖縄島（本島）の間の航行に五日を要しているが、後世の中国よりの冊封《さくほう》使《し》関連の諸記録を参考にすると、ほぼ順当であろう。ただ、遣唐使船の出航地の黄泗浦は揚子江（長江）の河口近くに位置するが、冊封使の場合はそれより南の福州を主としているので、航行方位に違いがある。

沖縄島へは、第一・二船同時であり、第三船はその前夜に到着ということであるから（第四船についての記録なし）、大使・副使（二名）の乗船していた三隻は、すべて沖縄島に着いており、日程からみてもとくに漂着したとみられる可能性はない。とすると、沖縄島経由のコースをとることは、当初からの予定であったとみてよいであろう。

つぎには、(B)の沖縄島と屋久（益救）島の間である。第二船は、一二月六日に多禰島（種子島）に向けて出航しているが、「七日」に益救島に着いている。「七日」を一二月七日とすると、沖縄島から

写真13　遣唐使船の航海の日標となった開聞岳（薩摩富士）

一日で屋久島に到着したことになるが、五〇〇キロ以上ある両島間の航行にしては、かなり無理がある。それに、目的地もずれての到着である。

「七日」については、「七日ニシテ」と読むべきだとの説があり、傾聴に値しよう。「七日」を七日後と考えると、納得できる航程である。しかも、目的地を変更するほどであったから、途中では風雨で海上が荒れたことも十分に考えられる。

(C)の屋久島から薩摩半島・秋妻屋浦《あきめやうら》の間では、一二月一八日に屋久島を発った第二船は、翌一九日風雨で視界を失い、午時《うまどき》（昼の一二時ごろ）に浪上に山頂を見ている。開聞岳《かいもんだけ》か野間《のま》岳であろう。そしてその翌日、午時に秋妻屋浦（坊津《ぼうのつ》町秋目《あきめ》）に着いている。ここでは、一二〇キロ

写真14　鑑真が渡来した秋妻屋浦（鹿児島県川辺郡坊津町秋目港）

前後の航行に二日を要したことになる。

(D)・(E)の記録については、本土到着後のことであるから、多くの説明は必要としないであろう。鑑真一行は中国大陸を離れてから、南九州本土に到着するまで、三五日近くかかったことになる。

南島に標識を建てる

ところで、鑑真和上らが入京した天平勝宝六年に、大宰府に勅して南島に牌《はい》を建てさせている。その牌には、島名・泊船処・有水処、そして、遥かに見える島までの航程などが記され、漂着船に知らせるようにしている。したがって、鑑真一行を含めて、この前後に帰朝した遣唐使からの報告を受けての措置とみてよい。なお、このような牌は、かつて天平七年（七三五）にも南島に建てさせたが、「今は既に朽壊せり」

ともいっている。

この建牌を考慮して、さきの藤原清河を大使とする遣唐使一行の帰路の航程をみると、天平〜天平勝宝期には、少なくともその帰路においては、南島路をとることが当初から計画されていたと想定できそうである。それは、なぜであろうか。

中央政権が南島の支配領域化、ひいては国制施行を企図していたことは、南島覓国使の派遣によって明らかであろう（第五章）。この覓国使派遣の前段階までに、南島の大半の島々は朝貢していたから、それをさらに一歩進めようとしたのであった。

大宝二年（七〇二）に多褹嶋を一国に準じて設置したのも、その足固めであった。また、同じ年には粟田真人《あわたのまひと》を執節使《しゆうせつし》（天皇から節刀を授与され、大権の一部代行を認められる）とした遣唐使が出発しているが、この一行のうちの一、二隻が南島路をとって各島に寄港した可能性もあろう。いずれも、覓国使を派遣した政権の意図の延長上で考えられることである。

南島人と蝦夷

政権の意図にもとづく施策は効を奏したのか、南島人の朝貢は八世紀前期までは断続的に見られる。朝廷では、その南島人の朝貢を政治的に巧みに利用もしている。すなわち、霊亀元年（七一五）の元日朝賀の儀には、それまでのハヤトに代わって、南島人が蝦夷とともに参列させられている。

南島人は、その前年一二月に朝廷の役人に率いられて来朝しており、奄美・信覚《しがく》（石垣島か）・球《く》美《み》（久米島か）などからの五二人であった。役人に率いられたところからすると、自発的朝貢というより、正月元日に間に合わせるための、強制的な感じが強い。

元日の朝賀の儀では、天皇（元明）が大極殿に出御、皇太子（のちの聖武）も礼装して列席するなか、南島人は夜久《やく》（屋久島）・度感《とかむ》（徳之島）を加えて五島の人びとが、蝦夷とともに方物を貢上する場面もあった。朱雀門の左右には鼓吹《こすい》・騎兵も陣列していた。鼓《つつみ》・鉦《かね》・吹奏楽器などの鳴物入りである。天皇権力が南北の遠地にまでおよんでいることの、まさに、誇示的演出に利用されたのであった。

ところが、南島人の来朝は神亀四年（七二七）の叙位記録を最後に、文献からは見えなくなる。それでも、前述したように大宰府史跡出土の木簡には、天平年間前半代（七三〇年代）までと推定される、「椈美嶋」（奄美島）・「伊藍嶋」（永良部島、あるいは与論島か）と記された、整理保管のためとみられる付札《つけふだ》が検出されているので、この時期までは貢進あるいは交易があった、と一応は認められよう。

このようにみてくると、南島人の朝貢は神亀～天平前半期に転換期があり、律令政府の南島領域化も頓挫しつつあったとみられる。

なぜ南島路か

そこで政府は、天平期以後の遣唐使船派遣に際して、その帰路に南島経由を企図し、南島人の朝貢をうながしたと考えてみたい。そう考えると、天平六年（七三四）に遣唐大使多治比広成《たじひのひろなり》の乗った第一船がその帰路に多褹嶋に来着し、その二年後に副使中臣名代《なかとみのなしろ》の第二船が薩摩国に寄港していることも（第六章）理解しやすくなる。ついで、天平勝宝五年の、鑑真らを同行した先述の記録となる。しかし、この三例を別にすると、以後の遣唐使船が南島路を経由したことは確認できず、わずかに、承和七年（八四〇）に遣唐第二船の菅原梶成《すがわらのかじなり》らが大隅国に「廻着」したことが伝えられている。梶成によると、帰路に逆風に遇い南海の賊地に漂着したという（『続日本後紀』）。

天平期・天平勝宝期に遣唐使船がなぜ南島路をとったかについて、南島人の朝貢杜絶と、その再開をうながす政府側の対応策の一環とみたのであるが、その背景には、南島産物に対する当時の中央貴族層の憧憬もあった。それについては、次節でふれることにしたい。

南島路は、中国大陸と日本本土の間の航路としては、明らかに迂回コースであり、それだけに日数もかかる。また、島伝いの航海ができて一見安全そうであるが、遭難が多発しているのが実態である。南島は、後世には「道之島」ともいわれるように、前後に島影を見つつ航海できる日もある。しかし、それは風波のおだやかな晴天の日のことであり、荒天になると、見通しが極端に悪くなり、かえって島が障害物にもなる。そのうえサンゴ礁などもあって寄港できる港湾は少ない。とくに遣唐使船のような大型船の寄港地は限定されてくる。

また、南島路は往復ともに、その途中で季節風の逆風を受けることになる。さらに、北上してきた黒潮が分岐するトカラ列島付近は、古くから「七島灘《しちとうなだ》」といわれる難所とされてもいる。そのような航海に三五日も要するとなると（鑑真和上の例）、大量の食料・水を積載しなければならず、そのいっぽうで、乗船者の疲労も極度に高まるであろう。

その点では、五島列島・中国大陸間を横断する南路は、遭難・漂着の危険は同じようにあっても、渡海に八日あるいは一〇日程度しかかかっていない（宝亀九年＝七七八の帰路の例）。南路をとれば負担が少ないことは明白であろう。となると、天平期・天平勝宝期も往路においては南路をとった可能性があり、確認できる帰路のみの南島路ではなかったか、と推察するのである。

遣唐使船の南島路は、日本的中華国家を標榜していた律令政府が、南島人の朝貢を不可欠のものとして、その存続をはかって、臨時的に企図した航路であった、と私は考えている。

五　薩摩半島と南島交易

南島と南九州本土との交易の軌跡は、すでに縄文時代から見出されることは、前に述べた（第一章）。その交易は、弥生時代以降も続いており、本土側では薩摩半島の西岸部、なかでも万之瀬川下流域がその主要拠点であった。

万之瀬川の河口部は、いまでは南さつま市加世田（南側）と金峰町（北側）の境界付近を流れるが、以前は旧加世田市中央部西寄りを流れ、同市小松原付近で西海へ注いでいたといわれている。また、加世田市の海岸部から北の薩摩半島西岸部の吹上《ふきあげ》浜砂丘は、古代にはいまだその堆積は少なく、入江状の大小の浦津があって、良港がいくつかあったらしい。

中世にも交易拠点

弥生時代の遺跡として紹介した旧金峰町の高橋貝塚に南島産大型貝の加工場があったのも、そのような立地に恵まれていたからであった。一帯の交易拠点としての性格はその後も存続しており、近時は古代末期から中世初めの交易拠点が検出され、注目されている。万之瀬川河口に近い旧金峰町の持《もっ》躰松《たいまつ》遺跡がその代表格である。

持躰松遺跡からは、それまで南九州では類を見ないほどの大量の中国製輸入陶磁器が出土した。ほぼ一二世紀半ばから一三世紀前半のものが中心である。遺跡の南西側（旧加世田市域）には、唐坊（当房）・唐人原などの地名も残存することから、在地勢力とのかかわりともあいまって、一帯の歴史の新しい側面が浮かびあがりつつある。

薩摩半島西岸部は、弥生時代においても、一二〜一三世紀においても、南島あるいは中国大陸などとの対外拠点があった。しかし、その中間に位置する時期、すなわち古代の主要期については拠点的性格を直接的に示す文献記録、あるいは発掘資料などが明確でない。それはなぜであろうか。

古代に南島の産物が中央に運ばれていたことは、後述するように明らかである。南島人の朝貢は見られなくなっても、南島の産物は中央まで運ばれていたのである。その間には、大宰府が介在し、各地の有力者や商人が介在していたとみられる。それでも、薩摩半島西岸部の浦津は、中継的寄港地としては利用されていたのであろう。

しかし、弥生時代の高橋貝塚のように、産物に加工をほどこすような役割や、持躰松遺跡のように陸揚げ地としての役割はなく、単なる寄港地であったとみられる。それは、積載されている物品が、中央の貴族層によって価値が認められていたものであり、高い評価を得ていたことによるのであろう。

その物品とは、近時奄美大島を主に大量に出土しているヤコウガイ（夜光貝）をはじめ、赤木《あかぎ》や檳《びん》榔《ろう》葉などであろう。ヤコウガイは径二〇センチもある大型巻貝で、内面の真珠光沢が中央貴族に珍重されていた。赤木は、トウダイグサ科に属する熱帯性の高木とされている。檳榔はヤシ科の亜熱帯性高木で、その葉が利用されていた。いずれも、文献に見えるものである。

夜光貝など南島産物への憧憬

発掘報告によると、奄美大島・名瀬市小湊《こみなと》のフワガネク（外金久）遺跡を代表例とする諸遺跡は六世紀から一〇世紀（フワガネク遺跡は六〜七世紀）を主体としており、ヤコウガイの貝殻集積の周辺部分から、ヤコウガイ破片が多数出土している。そのなかには貝匙《さじ》状の破片が相当数含まれており、製作途上と考えられる遺物が多数確認されるという。また、これらの遺跡の大半からは鉄器が出土しているので、ヤコウガイを主とする輸出財の交換物資は鉄器を主要とするものではなかったかとの想定もあり、南島における鉄器使用を大幅に遡及させてもいる。さらに、重要事実として、大量捕獲され

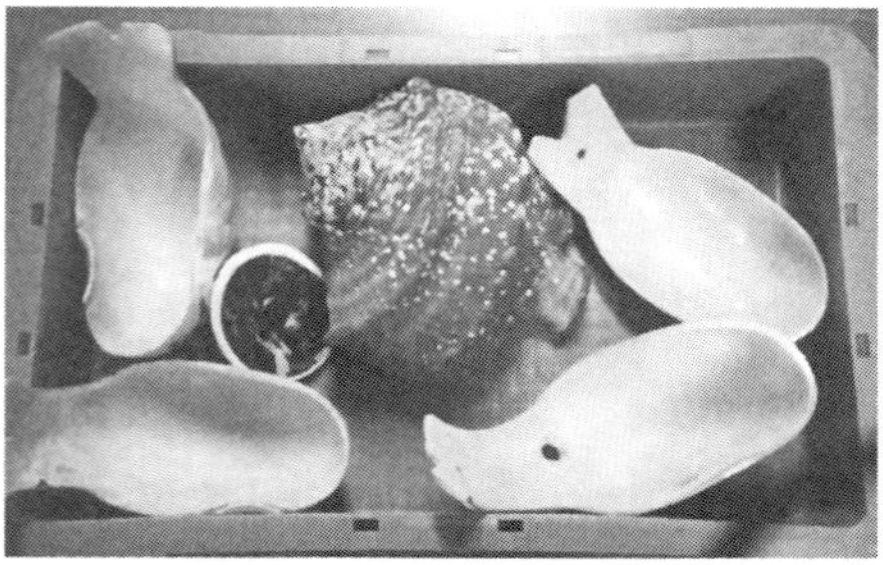

写真15　ヤコウガイと貝匙（模作品，名瀬市教育委員会所蔵）

ているヤコウガイの消費が島嶼地域であまり認められず、外部世界へ運び出されていたと推測できることであるとし、その搬出先は本土地域を想定するのがもっとも妥当であると考えられている。

ヤコウガイの古称はヤクガイで、夜久貝・夜句貝・益救貝・屋久貝などの用字で『和名抄』『儀式《ぎしき》』『江家次第《ごうけしだい》』『新猿楽記』『枕草子』などに見え、その多くは「杯」「盃」などの酒器（貝匙と同類か）に加工されて用いられている。また、螺鈿《らでん》原材料としても正倉院宝物に多用された可能性もある。正倉院宝物の主体は奈良時代のものとされているが、それらの宝物と南島産ヤコウガイの直接的関係については、今後の解明が待たれる。

ただ、平安時代以降の諸文献でヤクガイとよばれていることは、前述のように南島の古称が「ヤク」であったとみられることからして、南島産のヤコウガイが用いられたことはほぼ確実であろう。なお、屋久島ではヤコウガイはほとんど産しないという。また、中国大陸沿岸部でも成育していないとされている。

さらに、ヤコウガイは奄美大島以南の沖永良部《おきのえらぶ》島などでも現在多く採取されているところからすると、フワガネク遺跡には南島各地からもたらされた貝の集散・加工地的性格も考えられる。

赤木については、『延喜式』（民部下）に「年料別貢雑物」として、大宰府の項に「赤木、南嶋所レ進。其數隨《したがふ》レ得」とあることから、前出の大宰府史跡出土の木簡との関連が注目される。赤木は親王用の位記の軸木に用いられたことが、『延喜式』（内蔵寮）などから判明するが、ほかに経典の軸・大刀の柄《つか》などにも用いられている。また、南島産の檳榔葉を加工して牛車の車箱を貼りおおい、『枕草子』などに見える「檳榔毛の車」として用いた例などが知られる。

このように、南島産の物品は、古代を通じて都の貴族層を中心とした人びとの憧憬の的であり、その入手願望には強いものがあった。

なお、二〇〇三年以降の喜界島の城久《ぐすく》遺跡群の本格的調査によって、古代末期を中心とした南島の新しい知見が注目されている。それは喜界島（貴駕島などと表記）に南島経営の政治的拠点があったと推測できるようになったことで、今後の調査の進捗が期待されている。

南九州・南島地図

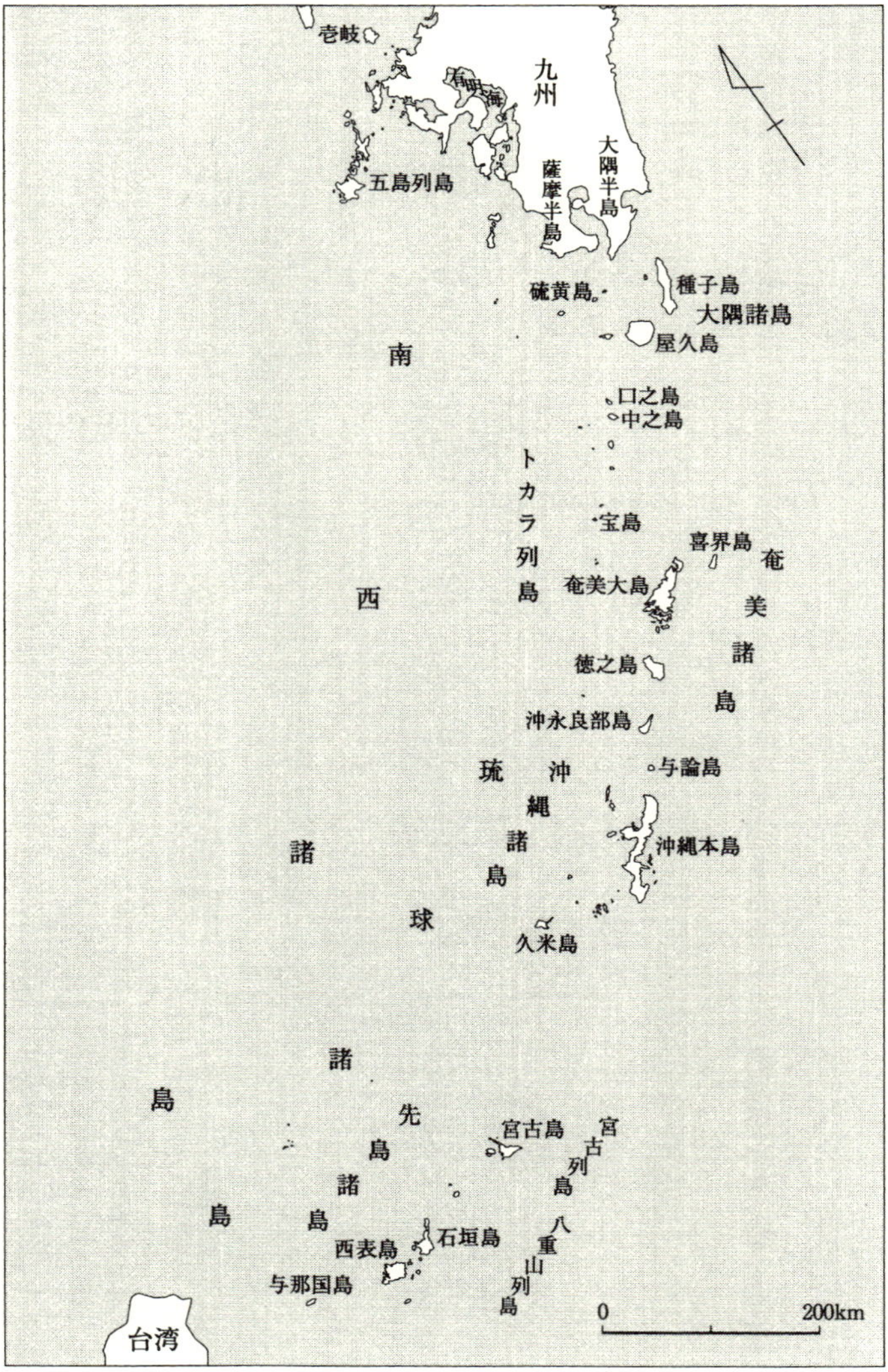
壱岐
九州
有明海
五島列島
大隅半島
薩摩半島
硫黄島
種子島
大隅諸島
屋久島
南西諸島
口之島
中之島
トカラ列島
宝島
喜界島
奄美諸島
奄美大島
徳之島
沖永良部島
与論島
琉球諸島
沖縄諸島
沖縄本島
久米島
先島諸島
宮古島
宮古列島
石垣島
西表島
与那国島
八重山列島
台湾
0
200km

第八章　転換期のハヤト

一　朝貢の停止と稲作の強制

ハヤトの朝貢は、七世紀後半の天武朝以後行なわれていたが、八世紀に入ると、まもなく六年相替で実施されることになり、以後は六年相替が制度化されていた。そのすべてが史書に記録されているわけではないが、八世紀の末近くになっても、朝貢が存続していたことが確認できる。

延暦二年（七八三）に、大隅・薩摩ハヤトが朝貢し朝堂で饗応を賜り、「其の儀、常の如し。天皇（桓武）閤門《こうもん》に御す」とあり、それまでと変わったようすは見られない。その前の朝貢が宝亀七年（七七六）であったから、七年の間隔があるが、双方の事情によって、一〜二年は遅延することは前例があるので、制度は存続していたとみてよい。

最後の朝貢

ところが、つぎの八世紀最後とみられる朝貢は延暦一二年（七九三）で、大隅国曾於郡の大領曾《そ》（贈於）乃君牛養《のきみうしかい》の名が見え、「隼人を率ゐて入朝」とある。この朝貢は、前回から一〇年を経過しており、その間隔が大きく、この制度の弛緩が読みとれそうである。そのような視点から推察を試みると、この前年が班田の年にあたっていたことが気になる。

おそらく、政府は前年（七九二年）を期して、ハヤト二国の班田制導入をはかっていたとみられる。そのための造籍（戸籍作成）は、それよりさらに四年前（七八八年）であったから、朝貢は一時的に停止されていたのではないだろうか。しかし、二国の一部には、いまだ班田制導入に反対する勢力があったようである。

その反対勢力の中心が、二国のなかで最大の在地豪族曾乃君であったとみられる。そこで政府は、曾乃君一族の主要人物、曾於郡の大領（郡長）に朝貢を命じたのであろう。それまでの朝貢引率者は、すべて少領（副郡長）以下であったから、大領の朝貢引率を強制した政府側の並々ならぬ決意があったようである。

このような強行措置を経て、つぎの班年である延暦一九年（八〇〇）一二月にいたり、ようやくハヤト二国は班田制を採用することになった（第六章）。その際の記事を見ると、「口分」を授けるとあって、口分田とは記していないことを、前に指摘したのであったが、おそらく田地ばかりでなく、畑地もあったとみられる。その畑地にも、いまだ常畑《じょうばた》とはいえない焼畑あるいは切替畑があって、ハヤトたちは強制された稲作に難渋したことが、十分に想像される（後述）。

それでも、まがりなりにも班田制が導入されると、六年相替のハヤトの朝貢は、翌延暦二〇年には停止されることになり、都に残留していたハヤトもそれ以後帰郷することになったものとみられ、延暦二四年（八〇五）には、「永く大替隼人の風俗の歌舞を停《や》む」と記されている。ハヤトの朝貢にともなう歌舞の奏上は、ここにようやく終末の時期を迎えたのであった。

ここまで見とどけると、六年相替のハヤトの朝貢が、六年ごとの班田と深くかかわっていたことがわかる。また、ここにいたって、ハヤトは班田制のもとにある人民（公民）として、一応は公認されることになったのであった。

稲作不適を露呈

しかし、その後に断片的に散見されるハヤトの稲作状況をみると、かなりきびしいことがうかがわれる。大宰府の管内諸国の「水旱疾疫」を伝える記事もあるが、とくに大隅・薩摩両国に限定すると、弘仁三年（八一二）に薩摩国で蝗害《こうがい》（いなごによる被害）が発生し、稲五〇〇〇束が免除され、翌四年に大隅・薩摩両国の蝗害により未納税の免除、二年後の弘仁六年に薩摩国の蝗害で調《ちょう》・庸《よう》・田租の免除と、連年のようにつづき、さらに弘仁一〇年（八一九）にも薩摩国の蝗害で田租が免除されている。八年間に、じつに四回にわたる蝗害である。とくに、大隅国より薩摩国に集中する傾向がある。その間の弘仁四年には風害の記事もある。また、これらの記事のなかには、逋負《ほふ》稲・未納税などの語句もあり、ハヤトが定められた租税を納入できない状況も浮上している。

南九州には火山性土壌が広く分布し、地質は保水力に欠けるばかりでなく、無機質の場合が多いと

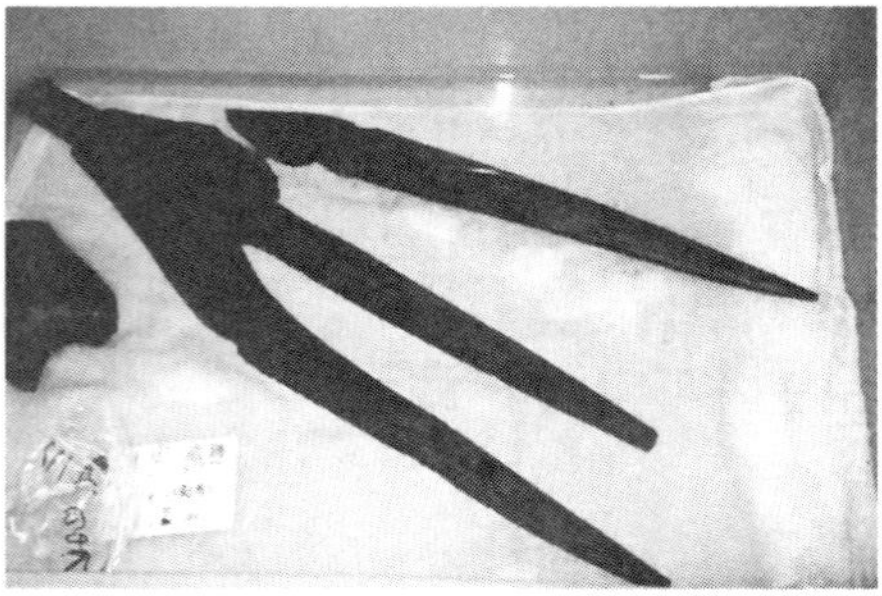

写真16　京田遺跡（鹿児島県薩摩川内市）の下層から出土した木製の三叉鍬（鹿児島県埋蔵文化財センターによる説明会にて）

いわれる。そのような地質の地域に稲作を強制しても、生育不良とあいまって蝗害をよぶのであろう。朝貢とひきかえの班田制導入は、ハヤトにとって、また新たな苦悩の始まりであった。

二　初出土の木簡と条里痕跡

初出土の木簡

鹿児島県薩摩川内《せんだい》市中郷《ちゅうごう》町の京田《きょうでん》遺跡から、二〇〇一年二月、墨書のある木製品が出土した。薩摩国府跡の東に位置する薩摩国分寺跡の北東に隣接する、かつての薩摩国の中枢にあたる場所である。

木製品は長さ約四〇センチ、一面の幅約三センチの四面をもつ棒状で、地面に突き立てた杭として転用された状態が、その形状から推察できた。棒状四面に墨書があり、「嘉祥《かしょう》三年」（八五〇）などの記載があることが判明したが、判読不明の文字が多いため、鹿児島県埋蔵文化財センターは奈良国立文化財研究所（当時）に解読を依頼した。

研究所で、赤外線テレビカメラを使用し、斜光線も利用しての解読を試みたところ、判読不明文字を残しながらも、つぎのような文字が記載されていることが読みとれた。なお、墨書木簡の出土は鹿児島県では最初の例である。南九州では宮崎県で数点の出土例があるが、文字は判読不明という。

木簡釈文

（正面・一行目）

告知諸田刀□〔祢カ〕等　勘取□田二段　九条三里一曾［　］〔二字分〕

（左側面・二行目）

右件　水田□□□□□〔子息カ〕□□□□□□□□

（裏面・三行目）

嘉祥三年三月十四日　大領薩麻公

（右側面・四行目）

擬少領

京田遺跡は、九州新幹線鹿児島ルート建設にともなう調査によって発見されたもので、遺跡一帯は木製品が保存される条件に適した低湿地であった。その下層からは弥生時代の土器、木製の鋤《すき》・鍬《くわ》、高床倉庫の建築資材の一部なども出土している。

ところで、この四〇字足らずの判読文字から、九世紀半ばを主にした古代南九州の様相をどのように読み明かすことができるであろうか。いくつかの問題点を指摘してみよう。

（正面）（左面）（裏面）（右面）

写真17　京田遺跡出土の木簡（鹿児島県埋蔵文化財センター概報より）

まず、この木簡出土地は薩摩国高城郡域である。ところが、木簡に記されていた大領は「薩麻公」であり、通説では高城郡とは川内川をはさんで南側に隣接する薩摩郡を主基盤とする豪族とみられている。とすると、木簡が当初の目的をもって薩摩郡の地で使用されたのちに、高城郡の地に運ばれ、杭として転用されたことも考えられよう。また、別の考え方をすると、木簡はもともと高城郡の出土地付近で用いられたもので、所期の目的での使用後に、転用されたともいえよう。この場合は、高城郡の大領「薩麻公」ということになろう。私は、後者の考え方をとる。それは、木簡の釈文の内容と出土地一帯の状況からみて、出土地付近での当初の使用を想定することに、ほとんど無理がないからである。

木簡には、「九条三里」「水田」の語句が記されていた。条里制では、田地を各六町（約六五〇メートル）四方に区画し、一辺を一条・二条……、他辺を一里・二里……とよび、田地の所在を何条何里で示す。その各六町四方（一里という）をさらに細分することによって、男・女それぞれに支給する口分田面積相応の区画を造出し、班給することになる。木簡の「一曾」の語句は、その細分地にかかわる呼称であろうとみられるが、類例がなく不詳である。いずれにしても、班田制が実施され、条里による田地区画が行なわれていたことがわかる。

大隅・薩摩両国には延暦一九年（八〇〇）に班田制が採用されたが（前述）、国府所在の高城郡には、肥後国からの移民が行なわれた八世紀の早い時期に班田制が導入されたとみられるので、条里による田地区画も定着していったと想定される。

つぎに、「水田」の記載である。古代では一般的に「田」と表記される水田が、この木簡では、ことさらに「水田」と記されねばならないところに、薩摩国の地域性が読みとれそうである。鹿児島県下では、現在でも田地は耕地の約三分の一程度であり、畑地が優位にある。その傾向は、時代をさかのぼるほど顕著であったとみられ、古代では耕地の大半が畑地であったとみられる（前節）。そのような状況のもとで、「水田」との特記が必要となろう。

その水田が、京田遺跡周辺に存在したことは確実である。というのは、京田遺跡の下層からは水田耕作に用いたとみられる弥生時代の木製鍬などが出土している。鍬のなかに形状が三つ叉状で刃先がかなり長いものがあり、地質が軟弱な水田耕作用と推測できる。このことから、京田遺跡の一帯では、弥生時代から「嘉祥三年」（八五〇）の平安前期にいたる、ほぼ八〇〇年にわたり水田が存続した可能性がある。

いっぽう、京田遺跡をとりまく周辺の小字名《こあざ》には、板牟田・角牟田・郷牟田・大牟田・蛭《ひる》田などが分布しており、湿田（牟田）地名が多い。まさに、一帯は「水田」にふさわしい場所であった。

そこであらためて、「大領薩麻公」について考えてみたい。薩麻公（君）が薩摩郡の大領であったことは、天平八年（七三六）の「薩摩国正税帳」によって認められてきた。しかし、高城郡については郡司記載部分が欠けており、不明のままであった。ところが、京田遺跡出土の木簡によって、高城郡の大領も薩麻公であった可能性が出てきたことになる。そこで、その可能性の歴史的背景について述べてみたい。

薩麻公再考

薩麻公（君）は、元来川内川下流域を広く勢力基盤にしていた南部九州有数の豪族であった。ところが、律令制支配がこの地域におよび、八世紀初頭に薩摩国が設置されるようになると、その勢力圏は分断されることになった。川内川右岸側（北側）は高城郡となり、そこに国府が設けられるとともに、肥後国から計画的に移民が送り込まれて配置された（第五章）。いっぽう、川内川左岸側（南側）は薩摩郡域となり、薩摩公（君）の勢力は縮小されながらも、郡領として存続することになったとみられる。

とすると、国府所在の高城郡の郡司には、郡域には移民が多いこともあって、大宰府が主導する人物が就任したのではないか、とのそれなりの推測の余地があった。ところが、高城郡の大領に、九世紀半ばの時点で薩麻公が存在していたことになると、高城郡設置の当初から、一族がそれにつながる任についていたことも考えてみる必要に迫られてきたのである。

薩麻公（君）の一部が高城郡で郡司の任務についていたとなると、そこには律令政府の辺境支配における巧妙な方策が読みとれそうである。現地における摩擦・抵抗をなるべく避けて、在地勢力を利用する施策である。

といっても、高城郡の財政は、「薩摩国正税帳」によると、国庁のそれと一体化しており、郡司は国司の直下にあって裁量権はほとんどなく、形ばかりの存在であったとみられる。それでも、薩麻公（君）一族は、旧来の面目を保つことにはなったであろう。

このあたりで、不明文字の多い木簡の内容を少しでも解釈してみたい。一行目は、郡領が田刀禰《たとね》（在地の有力者）らに、九条三里にある二段（反）の田地を勘取《かんしゅ》（差し押さえること）を告知しているのであろう。二行目は、その理由とみられるが、あまりにも不明文字が多すぎる。中間あたりに「子息」と読めそうな文字があるので、やや踏み込んで推測すると、「子」は地子《じし》（小作料）あるいは苗子《みようし》（作物と実）で、それらを取ることを、「息」はヤメヨ、あるいはヤスメヨの意ではないかと解釈してみた。

すなわち、当時の高城郡の郡領が「田刀禰」らに公田とみられる「水田」における実力行使を止めさせようとして、「九条三里」の「二段」の田地を「勘取」することを「告知」しているのではなかろうか。また、日付の「三月十四日」は、田植が近い時期にあたっていることから、それ以前に決着させようとしているようである。それにしても、ひかえめな告知である。

三　火山と共生してきたハヤト

南九州は火山が多い。過去に大噴火した痕跡を残すカルデラ地形、いまは噴火を休止している火山、過去も現在も噴火をつづけている山などさまざまである。私がこの原稿を書いているときも、窓から見える桜島は噴煙をあげ、ニュースは降灰除去のためにロードスウィーパーが出動したことを伝えている。

ハヤトは、過去に火山が噴出した堆積物のなかで生きてきたが、かれら自身もまた日常的に火山と向き合って生活していた。八〜九世紀のことを記した史書のなかから、そのいくつかをとりあげてみたい。

桜島の噴火

『続日本紀』天平宝字八年（七六四）一二月の記事によると、大隅・薩摩両国の境界あたりが煙雲で黒くなり、稲妻がいくつも走った。七日ののちにようやく晴れると、鹿児島信爾《しなに》村の海に砂石が自然に集まって三つの島が出現した。そして「民家六十二區、口《こう》八十餘人」が埋められた、と伝えている。

この噴火は、その位置からして桜島らしい。また、このとき出現した三島は、いまも鹿児島湾奥に浮かぶ三島（神造島ともいう）だと語り伝えられているが、火山学者によると、三島はすでに海中に沈下して、いまは見ることはできないという。それにしても、当時六二区画にのぼる生活の場と八十余人が犠牲になる被害を出したことは、火山の脅威を見せつけるものであったろう。

この記事のもとになった報告は、桜島の状況がよく観測できる大隅国庁が大宰府に伝えたものであろう。その内容は民家・住民の被害をかなり具体的に伝えている。このことからしても、この時期までにはすでに国庁は郡司・郷長などを通じて住民の実態を具体的に掌握できるようになっていたことがわかる。六年ごとに作成される住民台帳の戸籍、毎年作成される徴税台帳の計帳の整備が進んでいたことが、その背景にはあるのであろう。

霧島山の噴火

延暦七年（七八八）三月には、霧島山の噴火があったと伝えている。その状況は、大隅国贈於郡曾《そ》乃峯《のみね》の上のあたりで、戌時《いぬ》（午後八時ごろ）火炎が大いにあがり、雷動のように響いた。亥時《い》（午後一〇時ごろ）になって火光がようやくおとろえ、黒煙だけになり、その後は砂が降りしきり、峯の下五～六里に砂石が二尺（約六〇センチ）ばかり積もった、というのである。

霧島山系にはいくつかの火山があり、どの山と特定することはできないが、この噴火の場合も大隅国庁からはよく見える位置にあるので、大宰府を介して報告されたものであろう。それにしても、噴火は三月四日のことであったが、大宰府からの報告が記事になったのは七月四日であった。その間、四ヵ月かかっている。反乱などの緊急事態を別にすると、地方から中央への情報伝達にどれくらいの時間を要したのか、それを知る一例となろう（その後の研究で、噴火は高千穂峯とされている）。

開聞岳噴火と橋牟礼川遺跡

つぎに、『三代実録』の貞観～仁和期（八五九～八〇年代）に記載された開聞岳《かいもんだけ》の噴火について概観してみよう。薩摩半島の南端（現、指宿《いぶすき》郡開聞町）にそびえるこの火山は、高さ九二二メートルでほぼ円錐形をなすことから、薩摩富士ともよばれている。

開聞岳の噴火の歴史は、縄文時代中期（約四五〇〇年前）から平安時代前期にわたって確認できる。その噴出物は通称コラといわれているが、そのコラにはいくつもの層があり、それぞれに特異な色をしていることから、古い層（下層）から黄ゴラ・暗紫ゴラ・青ゴラ・紫ゴラなどとも区別されている。

このような各コラ層の堆積は、遺物・遺構の時期・時代の検証に有力な手がかりを与えているが、その典型をなすのが指宿市所在の橋牟礼川《はしむれがわ》遺跡であった。開聞岳噴火の約三〇〇〇年余にわたる歴史が、この遺跡に密封されていたのである。遺跡の調査は早く、大正七年（一九一八）に始まり、発掘を指導した濱田耕作博士が「先史時代のポンペイ」と予言していたというから、まさに先見の明を後世に残した発言であった。この発掘調査によって、火山灰層をなかにして下層から縄文土器、上層から弥生土器が出土したことから、この二種の土器の使用時期の前後関係が初めて立証されることになった、日本考古学史上でも記念碑的遺跡である。

写真18　橋牟礼川遺跡（鹿児島県指宿市）

以後、各時期の遺物・遺構が橋牟礼川遺跡から検出されているが、発掘調査と文献記録が重なる平安時代前期の状況に焦点をあててみよう。この時期の開聞岳の火山噴出物の層は紫ゴラと通称されているが、それが二層発見されている。これに対応するように、『三代実録』には二回の噴火が記録されている。

まず、貞観一六年（八七四）三月の噴火である。終夜、雷鳴が響き震動が続いたあと、朝になっても明るくならず、「昼暗きこと夜の如き」であった。ときに墨のような砂石が降り終日止まず地に積もり、ある所では五寸（約一五センチ）ばかりになった。暮れかかるころになると、砂石は雨に変わり、穀物などの作物は全部枯れ、河の水に砂が混ざり濁流となった。魚・亀の死骸が無数で、人びとは食物がなくなって、死魚を食べて死んだり、病気になった。

古代人は、噴火を神の怒りと考えていた。開聞岳の噴火は開聞神（現、枚聞《ひらきき》神社）の怒りであり、祟《たた》りであった。そこで、神社に封戸（供物を出す戸）を奉ったり、神階を昇授したりしている。開聞神の神階昇授は前後三回にのぼり、正四位下にまで昇った。南九州の神社では最高の神階である。

二回目の噴火は、仁和元年（八八五）の七月から八月にかけてで、このときはおよそ一ヵ月にわたっている。その間に、収穫期にあった作物はすべて枯れ、一尺（約三〇センチ）近く積もった砂石で田野は埋まり、「人民騒動」と記録されている。発掘担当者によると、この騒動とは死者が多数出ただけでなく、人民の流出・難民化を意味し、その後のほぼ一〇〇年間は薩摩半島南部に人は住めなかった、と推測している。

橋牟礼川遺跡は地域的拠点

流出・難民化以前の橋牟礼川一帯の人びとはどのような生活をしていたのであろうか。古墳時代の層では、馬鍬《まぐわ》（まんが）らしい農耕具を用いた畑跡が検出されたほか、せまい範囲から一〇〇基余りの竪穴住居群が出土しているところから、全域ではおそらく二〇〇基以上の住居が建てられたと推定されている。遺物には青銅鏡（破片）・青銅製鈴・各種鉄器類などがある。その鉄器類はこの地で加工されたとみられ、鍛冶跡が見つかっている。製品は鏃《やじり》・鉇《やりがんな》・鎌・釣針・刀子《とうす》・斧《おの》など多様であった。また、子持勾玉《こもちまがたま》も出土している。

奈良・平安時代の層では、陸稲・粟・ヒエなどの穀物が大規模に栽培されていたことが確認され、さきの「薩摩国正税帳」の稲・粟の収納と、ほぼ符合する様相がみられる（第六章）。また、「眞」「府」などの文字の書かれた墨書土器、転用硯《けん》（すずり）、鍍金された帯《おび》金具、古銭（開元通宝）などが出土している。

古墳時代以降のこのような出土品からみると、この一帯は地域の政治的・文化的拠点であり、各種遺物の背景には、北部九州・畿内、あるいは朝鮮半島との関係が想定されよう。そのいっぽうで、地域に根ざした生活痕跡も十分に推察できる。

畑作中心の穀物栽培、鉄製の鎌・釣針などの出土は後代までも狩猟・漁撈が並存していたことを示している。貝塚も古墳時代以降の堆積がみられる。いわば、農業・漁業に狩猟を加えた兼業生活が存続していたのである。それは、立地と季節に対応した生業であり、地域性にかなった生活であった。

しかし、そのような生業・生活も、南九州の各所に散在する火山の噴火によって、突然に中断を余儀なくさせられることもあった。南九州の神々の怒りは、噴火ばかりでなく、台風となって竪穴住居をなぎ倒し、作物を流失させる。そのようなチハヤブル神に、南九州の人びとは、ときに向き合い、ときに息をひそめて暮らしてきたのであった。

なお、指宿市内からは旧石器時代の集落跡とみられる水迫《みずさこ》遺跡、新しく高塚古墳の南限を示すことになった弥次《やじ》ヶ湯《ゆ》古墳（円墳）などの検出が相ついでおり（前述）、近年は多くの研究者によって注目されている。

四　『延喜式』にみる大隅・薩摩

『延喜式』は延長五年（九二七）に奏進された法律書で、律令の施行細則という性格をもっている。しかし、一〇世紀の前半はすでに律令政治の変容期であり、その内容が政治の実態とどの程度に整合するのかについては、問題がある。それでも、それ以前に編纂され、その一部しか伝存していない『弘仁式』『貞観式』に遡及できる部分が推察できる場合もあるので、律令政治の細部を知ることのできる貴重な史料となっている。

その『延喜式』によって、他の史料では知ることのできない大隅・薩摩両国の状況をのぞいてみたい。

律令制下の農民は、口分田などの収穫の三パーセント程度を租として納めることを義務づけられ、地方の国の経費のもとになっていた。そのほか、調・庸として各地の産物を納めることが、主に成年男性に課せられ、中央政府の財源となった。そのほか、雑徭《ぞうよう》という、国司の命令によって年間六〇日以内を限って、国内の水利土木工事や国庁の雑用などに奉仕する労役があった。さらには、国が春に稲を貸しつけ、秋に利息（五割、あるいは三割）とともに徴収する出挙《すいこ》の制度があったが、この出挙についてはすでに述べた（第六章）。このような諸負担が両国の場合はどのようになっていたかが、まず問題となろう。

大隅・薩摩の諸負担

『延喜式』によると、調・庸についてつぎのように記されている。

大隅國　調—綿・布。庸—綿・布。中男《ちゆうなん》作物—紙

薩摩國　調—鹽（三斛《こく》三斗《とう》）・綿・布。庸—綿・紙・席《むしろ》。中男作物—紙

調・庸は正丁《せいてい》（二一～六〇歳の男）を主にし、次丁（六一～六五歳の男）は正丁の二分の一、少丁（中男。一七～二〇歳の男）は正丁の四分の一が課せられた。しかし、庸は少丁には免除されるのが原則である。租は口分田を班給された男・女すべてに課せられるので、とくに記載されていない。

綿は絹綿（まわた）であるが、両国の綿は上質ではなかったらしい。布は麻布をさすのが主であるが、一部には楮布《ちよふ》（こうぞ布）もある。紙は楮《こうぞ》を原料としたものであろうが、あまり上質ではなかったとみられる。席《むしろ》は薦・莚なども書かれる敷物である。藺《い》や蒲《がま》が主材料になったとみられるが、ほかに竹の敷物もあるので、ハヤトの特技としての竹細工を考えると（次節）、竹を材料としたことも否定できない。なお、『延喜式』の別の箇所には、薩摩国では「二丁（正丁二人）席三枚」とあるので、二人で三枚の席を負担したことがわかる。塩は三斛三斗（のちの約一石三斗余）の総量が定められているが、当時の薩摩国で塩がどのような方法で作られていたのかは詳細にはわかっていない。

ところで、これらの調・庸、あるいは中男（少丁）作物が、どの時期からハヤトに課せられたかを明確に判断することは困難である。それでも、ある程度の推測を試みることにしたい。

大隅・薩摩両国には、在来住民で構成するハヤト郡と、他国からの移住者を主として構成する非ハヤト郡があった（第六章）。そのうちの後者、非ハヤト郡の住民には移住定着後にほぼすべての負担が課せられたとみられる。したがって、問題は主にハヤト郡にある。

ハヤト郡の班田制導入については、さきに述べた通りで八世紀の終末であったので、租の賦課は概して考えにくい。調・庸はどうであろうか。ハヤトには朝貢が課せられていたが、その際の貢物をしばしば「調物」などと表記している。調はツキと訓読されるのでミツギモノと通じる用語であろう。したがって、何らかの形で調は課せられていたとみてよいであろう。

庸はどうであろうか。さきにとりあげた「薩摩国正税帳」の記述のなかに（第六章）、「庸席《ようむしろ》」を検校するために国司（代行者）が管轄地域を巡行したことが見える。しかし、その日程は「二日」とあるので、全地域を巡行したとは思われない。その二日を、強いてあてはめると、非ハヤト郡の出水・高城二郡であろうか。

では、ハヤト郡の庸はどうであろうか。庸は本来、京で一〇日間労役に従事する歳役《さいえき》であったものが、物品納入の形で代行されたものである。とすると、ハヤトの朝貢それ自体を庸と考える見方もできよう。このように考えると、ハヤトの朝貢は、調・庸の納入を特殊な形態で実施していたとみることもできる。しかし、その朝貢は一定期間一部のハヤトに課せられていたのが実態であったから、そのことも考慮しなければならない。

いずれにしても、『延喜式』に記載されているような大隅・薩摩両国の調・庸などは、ハヤトの朝貢が停止された九世紀以降の状況の反映とみてよいであろう。

南九州の官道

つぎに、『延喜式』から大隅・薩摩両国の駅家《うまや》や官道について考えてみたい。まず、その記載はつぎのようである。

大隅國驛馬　蒲生《かまふ》・大水《おほむつ》　各五疋《ひき》

薩摩國驛馬　市來《いちく》・英禰《あくね》・網津《おほつ》・田後《たしり》・櫟野《いちひの》・高來《たかく》　各五疋

傳馬　市來・英禰・網津・田後駅　各五疋

律令国家という中央集権体制は、支配領域の伝達網の整備によって維持される。その伝達網が官道であり、駅馬・伝馬はその中継をスムーズにする役割をはたしていた。駅馬を備える駅家は三〇里(約一六キロ)ごとに置かれ、緊急を要する公用の使者に馬とともに食料を提供する。駅馬に準じる伝馬は、不急の公務旅行者が利用するものである。

駅家をつなぐ官道は、隣接する各国の国府の間を最短行程で結ぶので、直線的で幅員も一〇メートル前後の例が、最近になって各所で検出されているが、大隅・薩摩両国では蒲生駅南東の船津付近の

図11　南九州の官道（試案）

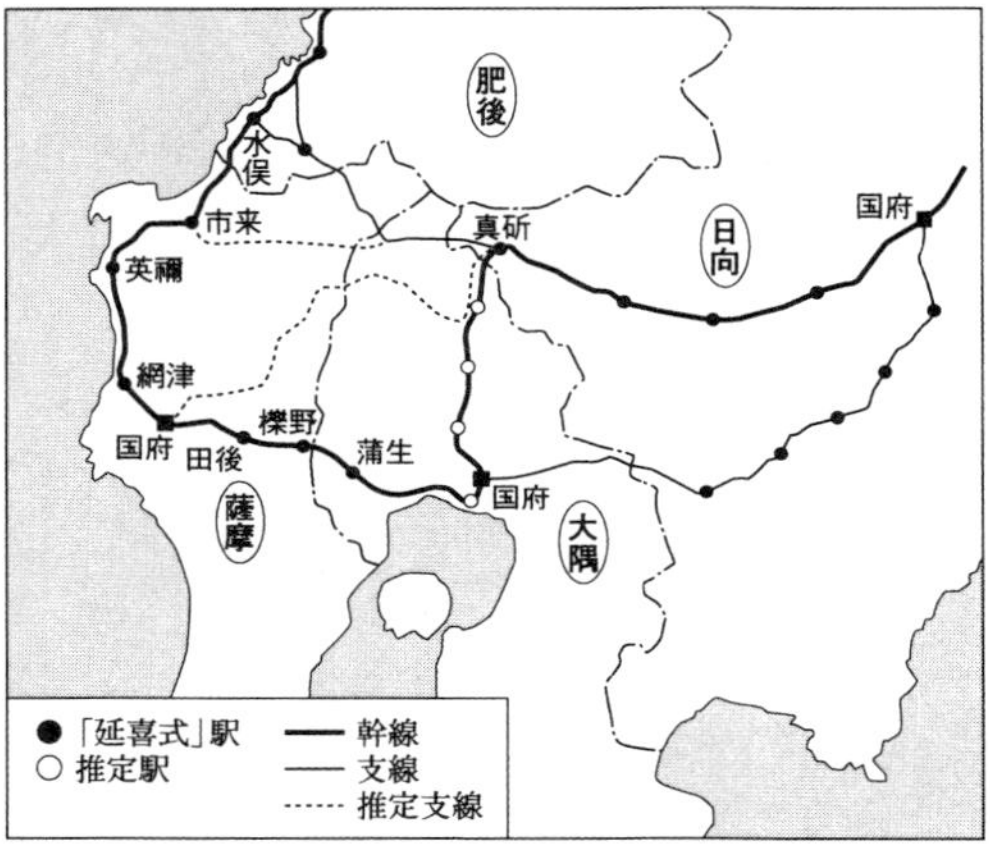

一部を除いては確実視される官道はいまだ見つかっていない。『延喜式』の記載は、その点では史料として貴重ではあるが、すでに律令衰退期の例であり、変容していることを前提にしての配慮も必要であろう。

その『延喜式』の記載をもとにして、肥後国を南下して薩摩国に入り、大隅国を通って日向国にいたる官道の試案を示したのが、つぎの図である。

肥後国南端の水俣《みなまた》駅（現、水俣市）から薩摩国市来駅（現、出水市）・英禰駅（現、阿久根《あくね》市）・網津駅・高《た》城《か》国府（いずれも現、薩摩川内市）・田後駅（現薩摩川内市樋脇《ひわき》町か）・櫟野駅（現、薩摩川内市入来《いりき》町）・蒲生駅（現、姶良《あいら》市蒲生《かもう》町）・大隅国府《こくふ》（現、霧島市国分）・大水《おほむつ》駅（現、姶良市内か）、そして日向国真斫《まさき》駅（現、えびの市）にいたる。

この官道を推定した背景には、移住者で固められた非ハヤト郡を通過することを、最大限に配慮した点がある。緊急時の連絡には非ハヤト郡を継ぎ立てて結ぶのが確実性が高いとみられるからである。

この官道のほかに、肥後国府と日向国府間、薩摩国府と日向国府間などをそれぞれ直接結ぶ路線も想定してみた。また、ハヤト郡の安全性が高まった時期の路線や、海上交通路の要衝（港津）にも配慮して想定図（図11、試案）を作成してみた。今後は、考古学的調査によって、部分的にでも検証が進展することが期待されている。

二国の式内社

『延喜式』には神名帳《じんみょう》（巻九・一〇）とよばれる部分に、当時の官幣社《かんぺいしゃ》（神祇官が幣帛を捧げる社）または国幣社《こくへいしゃ》（国司が幣帛を捧げる社）になっていた神社二八六一所（三一三二座）が記されている。そのうちに、大隅・薩摩両国ではつぎの七所（七座）が登載されている。両国の場合はすべて国幣社である。

大隅國　鹿児島神社（現、霧島市隼人町）
大穴持《おおなむち》神社（現、霧島市国分）
韓国宇豆峯《からくにうずみね》神社（現、霧島市国分）
宮浦《みやのうら》神社（現、霧島市福山町）
益救《やく》神社（現、熊毛郡上屋久町）

薩摩國　枚聞《ひらきき》神社（現、指宿市開聞町）
加紫久利《かしくり》神社（現、出水市）

これらの七社のうちでは、鹿児島神社のみが大社で、他の六社はすべて小社とされている。また、益救神社は屋久島に所在する列島最南端の式内社である。

西海道（九州）九国二嶋の式内社は総計九八所（一〇七座）であるから、二国で七所というのは少ない。このうち、大穴持神社は桜島噴火によってできた神造島を官社として祭ったことが、宝亀九年（七七八）の『続日本紀』の記述に見えている。

これらの式内社は、ほとんど自然神として祭られたことは、その社名からも推定できるが、とりわけ山岳信仰が目立つ。地名「鹿児島」は本来、火の島の意で桜島をよんだものであろう。「加紫久利」にはどのような意味があるのか、いまだ納得できる説明に接しないが、神社背後の矢筈《やはず》岳は神体山とされている。また、益救神社・枚聞神社はそれぞれ宮之浦岳・開聞岳などを神体山とするが、これらの山は航海の目標となることから、航海安全を祈願する海洋信仰とも結びついている。

このように考えると、式内社とされた神社は古くからの在地信仰の対象であったし、ハヤトの信仰する山々が主体となったとみられる。なかでも桜島・開聞岳などの火山は、噴火によって神威を間近に見せつけていた。律令国家は、このような在地信仰を容認しながらも、外部から別系統の神をハヤトの地域に勧請し、在地神と習合させていったとみられる。鹿児島神社・韓国宇豆峯神社に豊前系の神（八幡神など）の要素が、大穴持神社に出雲系の神の要素がそれぞれ見出されるのは、その結果であろう。

五　隼人司とその役割

天皇制を側面で支えた隼人司

隼人司《はやひとのつかさ》という官司が律令制組織のなかの一端に存在したことは、ハヤトの歴史を考えるうえで重要である。ハヤトは、ときに「夷人《いにん》」「雑類《ぞうるい》」などともされるし、蝦夷《えみし》（毛人）と並記されもしている。しかし、蝦夷にはそれに対応する官司は存在しない。また、ハヤト・蝦夷に類する南島人・阿麻弥人《あまみ》の場合も同様である。

その点では、隼人司の存在は特異であるが、それにはどのような背景が考えられるのであろうか。まずいえることは、律令政権とその中枢である朝廷は、観念的にも現実的にも、ハヤトを接近させて配置していることである。

すでに述べたように、ハヤトの一部を畿内に移住させていた（第四章）。また、朝廷の大儀とされる元日・即位あるいは大嘗会《だいじょうえ》に参加させている。さらには、『古事記』『日本書紀』などの神話では、ハヤトの祖は皇祖と兄弟であったと語られてもいる（次章）。

つぎには、ハヤトの呪能に期待するところが少なからずあったことである。大儀に参列する官人たちが入場する際には、今来《いまき》ハヤトが吠声《はいせい》を発して清めることになっていた。また、天皇の行幸には今来ハヤトが供奉《ぐぶ》し、邪霊のひそみやすい場所にさしかかると、吠声で先払いをすることになっていた。

さらには、大嘗会で演じられるハヤトの歌舞に象徴されるように、天皇の前で服属儀礼を演じる役を負わされていた。大嘗会は天皇即位後の最初の新嘗《にいなめ》の祭りで、天皇一世一度の大祭である。そのような大祭の場で、新しく位についた天皇に対し、ハヤトがあらためて服属の意を芸能で示すことによって、天皇は支配者としての地位の永続性を、ハヤトは被征服民としての不変性を確認するのであった。服属儀礼としてのハヤトの歌舞奏上は神話に由来するとされており、皇代以前の皇祖ヒコホホデミ（山幸彦）にさかのぼる、古い歴史をもつものとされていた（次章）。

その神話の一場面が、大嘗会で演じられることは、天皇統治の神話的・歴史的正統性を貴族・官人層に可視的方法で再認識させることでもあった。

このようにみてくると、隼人司という官司は天皇制を側面から支える役割を担っていたことが見えてくる。そこで、その官司の組織と推移について少し述べてみたい。

隼人司が衛門府に属し、隼人正《はやひとのかみ》以下の官人に統率されていたことなどはすでに述べた（第六章）。その官人のもとに、主に畿内ハヤトが属していた。かれらは南九州から畿内およびその周辺に移配させられたハヤトと、その後裔にあたる人びとである。

畿内ハヤトの指導者を大衣《おおきぬ》という。大衣は譜第《ふだい》（代）から選ばれ、左・右に各一人の定員で、左大衣は大隅ハヤトから右大衣は阿多ハヤトから任じられる。大隅・阿多をハヤトに冠する呼称は七世紀後半のそれであり、隼人司の歴史の古さを示唆していよう。その点でも、大衣は早く中央政権に服属したハヤトの首長の系譜をひく、まさに譜第であった。

大衣のもとに、番上《ばんじよう》ハヤト・今来《いまき》ハヤト・そのほかのハヤト一般が属していた。番上ハヤトは幹部級のハヤトであり、今来ハヤトは朝貢してきた南九州のハヤトのなかから選ばれて、吠声を発する役割を負わされていた（朝貢停止後は畿内ハヤトが代行）。

油絹・竹器の製作

ハヤト一般は、一年交代で隼人司に勤務して大儀に参加したり、朝廷の雑用に従事したり、一部の作手《さくて》ハヤトとされた人びとは油絹・竹器の製作にあたった。油絹は六〇疋《ひき》作られ、その内訳は緋《ひ》色（明るい紅色）三〇疋・縹《はなだ》色（うすいあい色）二五疋・白色五疋で、中務省《なかつかさ》の内蔵《くら》寮に納めることになっていたが、油を塗った絹とみられるその用途は雨天用でもあろうか、必ずしも明らかでない。

竹器は大嘗会用（臨時）と年料竹器（常時）に大別される。大嘗会用竹器は熬笥《いりこ》（七二口）・煠籠《あぶりこ》（七二口）・索餅乾籠《むぎなわほしこ》（二四口）・籭《したみ》（六口）の四種で宮内省に納められる。このうちの熬笥は、糯米《もちごめ》を熬《い》って糒《ほしいひ》を作るときに用いたとみられる。煠籠はゆで餅をゆでるときに用いた。索餅乾籠は、索餅（小麦粉・米粉・塩を練り合わせたものをゆでた食品）を作るときに乾かす籠であろう。籭は底が方形、上部は円形の大型の笊《ざる》とみられる。

年料竹器は薫籠《たきもののこ》（大・中各一口）・漉紙簀《かみすきすのこ》（二〇枚）・茶籠（二〇枚）などがある。薫籠は薫炉《くんろ》（香炉）の上に衣服をかぶせて、香をたき込めるために用いる大型の丸籠である。ほかの竹器はそれぞれ紙・茶を作るのに用いたものであろう。

これらの竹器のほかに、隼人司で作られた竹製品に、簾《すだれ》・竹帙《ちつ》（書冊をつつむおおい）・竹笠・竹扇などがある。このように、ハヤトと竹製品の間には深いつながりがみられるが、南九州にもともと竹が多く、ハヤトがその製作に習熟していたことによるのであろうか。私はさきに紹介したハヤトの畿内移住地をすべて踏査してみたが（第四章）、そのいずれの地にも竹林が各所にあることに惹《ひ》かれ、納得するものがあった。

ところで、作手ハヤトの製作する油絹・竹器については、ハヤトがそれらの技術を伝承していたとか、習熟していたとの解釈だけでは不十分なように思われる。そこには、ハヤトによって作られることに特別な意味があったことも考えてみなければならないであろう。すなわち、ハヤトのもつ祓邪《ふつじゃ》の呪力に期待するものがあってのことで、それはハヤトの吠声にも通じるものであろう。そうでなければ、大嘗会という天皇一世一度の大祭のために備えられる諸竹器の製作に、なぜハヤトがかかわるのか、との問いに対する答えは困難であろう。

以上、隼人司についての『延喜式』の諸規定から考えられることを述べたのであるが、『延喜式』は一〇世紀初めの成立であるから、少しさかのぼらせてもせいぜい九世紀以降の状況を伝えているとしかいえない。さきに、隼人司は衛門府に属していると書いたが、それも九世紀の初めには兵部省に所属することになり、隼人司にも変遷があった。そこで、隼人司の成立とその推移について概観してみたい。

隼人司の変遷

隼人司が八世紀初頭から存在していたことは確実である。それは、大宝令の注釈とされる『令集解《りょうのしゅうげ》』の「古記」が、隼人司について述べていることからわかる。しかし、私はさらにさかのぼって浄御原令《きよみはらりょう》に、畿内ハヤトの職掌についての何らかの規定があり、それが整備されて大宝令に継承されたとみている。

というのは、浄御原令は天武一〇年（六八一）に編纂が開始され、持統三年（六八九）に施行されているが、先述した「大衣」が、譜第の大隅・阿多両ハヤトから選任されているように、そのころまでにはハヤトの畿内移配は定着していた。そのいっぽうで、律令制国家体制は確立期に入っており、大王号から天皇号への改称とともに、即位・大嘗会などの儀式も形を整えていったものとみられる。それらの儀式でハヤトが服属儀礼を奏上し、天皇の権威高揚の一翼を担うことは、十分に想定できるからである。

このような前史を経て、隼人司は大宝令に規定され、畿内ハヤトの諸任務についても整えられたとみられる。また、それらは養老令に継承され、八世紀までは大同小異の内容で、ほぼ存続したとみてよいであろう。しかし、南九州からのハヤトの朝貢が停止されたことと、律令制自体が変容期にいたった九世紀初めごろから、隼人司の機構にも変化がみられるようになった。

その主なものは、一年交代で上番していた畿内ハヤトの定員の削減、衛門府の改編（隼人司は兵部省へ）があり、今来ハヤトを畿内ハヤトのなかから選び用いるなどの変遷があった。そのような過程を経て、『延喜式』の隼人司条にいたっている。

しかし、南九州の大隅・薩摩両国に班田制が導入され、ハヤトの朝貢が停止された九世紀以後は、本土ハヤトは公民化されたことから、「隼人」の呼称は隼人司のなかで残存することになり、南九州との関係も稀薄となり、その実体は形骸化してしまった。

形骸と化した「隼人」でも、即位・大嘗会の儀式では不可欠との観念は残存しており、実体のない「隼人」が一五世紀にいたるまで諸史料に散見されている。

第九章　日向神話とハヤト

一　日向神話と天孫降臨

『古事記』『日本書紀』を主とした史書には神話が載せられている。両書では神代がまず記述され、つづいて皇代（天皇の時代）につないでいく手法がとられているから、その冒頭はいずれも神話である。神話は、天地開闢《かいびゃく》・国土の生成・神々の化生・高天原《たかまのはら》神話・出雲神話・日向神話と展開するので、日向神話は神話の末尾であり、皇代のはじまりへと結ぶ橋渡しをしている。その日向神話は、天孫降《てんそんこう》臨《りん》によって開幕し、海幸彦・山幸彦、海神宮訪問、ホデリノミコトの服従、ウガヤフキアエズノミコトの誕生、そして神武天皇の登場へと展開していく。

日向神話の世界は、天上から地上へ、そして海へと転回していくので、廻り舞台を観るようであり、つい引き込まれるようなおもしろさがある。また、その舞台は南九州を主としているので、ハヤトの歴史と深くかかわってもいる。神話を歴史とすることはできないが、神話には歴史を反映する部分があるので、その部分に焦点をあてて、神話に映し出されたハヤト像の解明を試みたい。

図12　「天孫降臨」した場所の表記

出典		表記
古事記		竺《つく》紫《し》の日向《ひむか》の高千穂《たかちほ》の久士布流多気《くしふるたけ》
日本書紀	本文	日向の襲の高千穂峯《たけ》
日本書紀　一書	第一	筑紫《つくし》の日向の高千穂の槵触峯《くしふるのたけ》
日本書紀　一書	第二	日向の槵日《くしひ》の高千穂の峯《たけ》
日本書紀　一書	第四	日向の襲の高千穂の槵日の二上峯《ふたかみのみね》
日本書紀　一書	第六	日向の襲の高千穂の添山峯《そほりのやまのたけ》
（『紀』一書の第三、第五には記載なし）		

天孫降臨

日向神話のはじまりの天孫降臨はアマテラスの孫ニニギが天上から降下し、地上の統治者となる話である（以下、「オオミカミ」「ミコト」などの尊称は省略）。降下した場所は『古事記』『日本書紀』（本文のほか、いくつかの「一書《あるふみ》」の異伝がある）などに記されているが、多少の異同がある。「日向」「高千穂」は共通しているが、「竺《つく》（筑）紫《し》」「襲《そ》」がすべてに記述されているわけではない。

しかし私は、神話を載せている両史書の編纂時期（七世紀末〜八世紀初め）からして、「日向」は筑紫（九州）でなければならず、「襲」（大隅・贈於《そお》）は霧島山の所在する一帯のほかには考えられないとみている。というのは、すでに第四章で述べたように、ハヤトが中央政権とのかかわりで登場してくるのは、両史書の編纂開始とほぼ軌を一にする天武朝であり、当時の政権が南九州に強い政治的関心をもっていたことが、諸記述から十分にうかがえるからである。

神が山に降臨するという信仰は、東アジアによく見られるが、広くは世界的に見出せるものであろう。とりわけ、朝鮮半島の檀君《だんくん》神話・首露《しゅろ》王誕生神話がよく知られている。日本列島各地の山に神は

写真19　ニニギノミコトが降臨したという高千穂峰

宿り、その神はしばしば天上から降臨した神であり、季節によっては人びとの生活する平地の里《さと》にもやってくる。高千穂は本来的には普通名詞であり、地域の人びとの信仰を集めた山であった。したがって、そのような山が列島内にいくつかあってもよい。しかし、七世紀末から八世紀初めに神話に採択された高千穂は、南九州の曾於（襲）の霧島山系の山でなければ、この神話はその後の展開ができない筋立てになっている。

霧島山は南九州の広域にわたる地から遠望でき、その秀麗な山容を南九州の人びとは神の宿る山として崇めてきた。その霧島山の高千穂に天孫ニニギは天降ることによって、南九州の領域化をはかったのである。

なぜ天孫か

そこには、なぜ天孫ニニギでなければならなかったのか、という疑問もある。神話によると、初めはアマテラスの子、オシホミミを降下させることにしていたが、その準備をしているうちにニニギが誕生したので、あらためてニニギに命令がくだったことになっている。そのような事情があったとしても、なぜアマテラス自身が天降らないのであろうか。

じつは、アマテラスは早い時期に大和笠縫邑《かさぬいのむら》（現、奈良県桜井市）に祭られ、七世紀後半の時期には伊勢にほぼ定着していた。ヤマト王権が大和を拠点にしていた時期は大和に、その後支配領域が拡大すると伊勢に祭られるというように、領域の伸張とともに、アマテラスは王権始祖としての性格を強めながら、畿内での神格を上昇させてきたのであった。

そのようにして、アマテラスが皇祖神としての神格をしだいに確立するようになると、畿内諸豪族は皇祖神・大王家の系譜と、みずからの系譜の結合をはかり、大王家を軸として諸豪族を一体化した系譜的イデオロギーを形成していった。その過程からみると、アマテラスはすでに畿内に安置され定着した存在となっていたのである。

したがって、南九州の領域化が策定されると、天孫ニニギの降下となったのであるが、それもアマテラスと直結する子のオシホミミをおいて、孫ということになると、その間にワンクッションがあり、政治的配慮からの巧妙な構想が読みとれそうである。

日向神話が、神話の末尾に載せられていることは、やはり注意すべきことであろう。それは、神話全体の総仕上げであり、まとめという見方もできようが、日向神話の内容に踏み込んで分析的視点に立つと、随所に継ぎ足した痕跡が見出される。

その痕跡をさらに追究しなければならないが、天孫ニニギの南九州への降臨は、南九州を支配領域化する政策が中央政権によって企図された時期、すなわち七世紀後半期の政治的状況がかなり反映していることを、まず指摘しておきたい。

二　海幸彦・山幸彦の物語

日向の襲《そ》の高千穂峯《たけ》に降臨した天孫ニニギは、「韓國《からくに》に向ひ、笠沙《かささ》の御前《みさき》（岬）」にまっすぐ道が通じている所を「甚吉《いとよ》き地」として壮大な宮殿を建てた。その笠沙とはどこであろうか。また、その岬に道が通じている所とはどこであろうか。

笠沙と阿多

現在の鹿児島県南さつま市には笠沙町があり、薩摩半島から岬状の地形が西に突き出し、まさに韓国（朝鮮半島）に向かっている。しかし、この地域に笠沙の地名が古代に存在した明証はない。近代になってからのこの地名をたどると、前身は西加世田《にしかせだ》村であり、大正一二年（一九二三）に笠沙村となり、昭和一五年（一九四〇）に町制をしいている。その際の「笠沙」の地名は、『古事記』の神話から逆に採用されたらしい。

それでも、後出の「阿多《あた》（吾田）」の地名との考証からすると、近代になってからの命名ではあっても、さほど見当はずれではなかったようである。というのは、阿多は現在の南さつま市・同市金峰町の境を東シナ海に注ぐ万之瀬川下流域の地名で、古代から現在まで存続している。その地名の歴史をたどると、広義には薩摩半島のほぼ全域をさした時期（七世紀後半）もあるが、それは万之瀬川下流域が半島の拠点であったことを示している。

その拠点域にニニギはやってきたのである。そこでニニギは麗わしい美人を見初《みそ》めた。名は「神阿多都比売《かむあたつひめ》」、すなわち阿多姫であった。アタツヒメはこの地域を代表する最高の巫女《ふじょ》（みこ）であり、豪族阿多君《あたのきみ》一族の女性とみられる。天孫ニニギは、そのアタツヒメと結婚して三人の子をもうけた。いわゆる政略結婚であり、地方豪族阿多君を大王系譜に組み入れる構想が読みとれる。

アタツヒメは出産の際に、産屋《うぶや》の四方を塗りふさいで、火をつけたなかで三子を無事に産んでいる。火中出産はアタツヒメの霊力を示すが、産所で火をたく習俗が南島にあったことはすでに述べた（第七章）。万之瀬川下流域と南島の間には、弥生時代の高橋貝塚（金峰町）にみられるように、古くからの交流があったことは前にとりあげたが（第一章）、ここでは習俗の共通性によっても両地域の交流の跡づけができそうである。

図13　「海幸・山幸神話」の類話分布（フロベニウスの原画による）

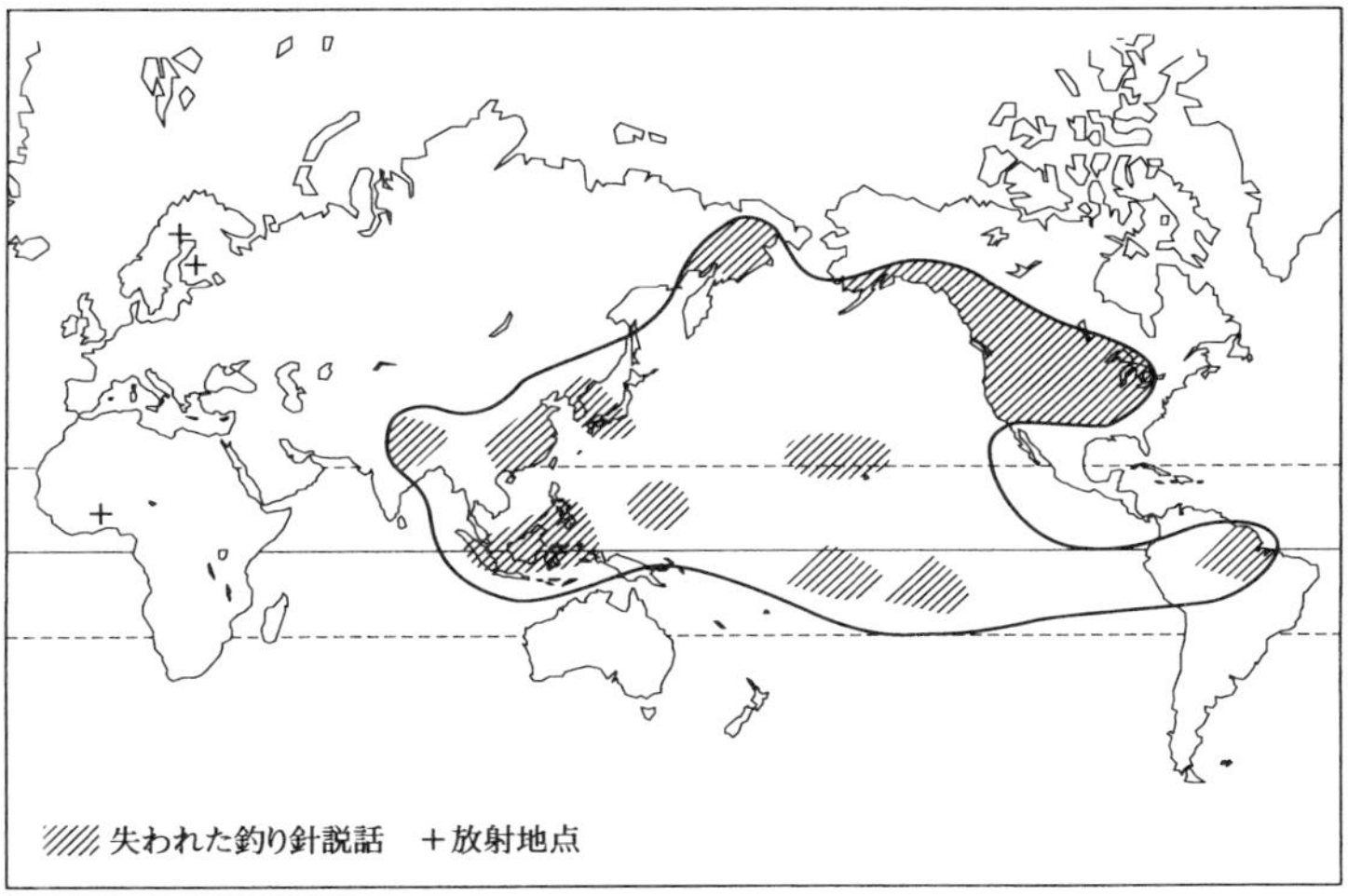

新しい系譜づくり

アタツヒメが産んだ三男子のうち、長男のホデリ（海幸彦）は阿多君の祖、三男のヒコホホデミ（山幸彦）は皇室の祖とされている。ニニギ・ヒコホホデミ、そしてつぎのイワレヒコ（神武天皇）はいずれも末子として系譜をつないでいるが、末子相続は薩摩半島の習俗であることを、民俗学者は指摘している。

天上の神ニニギが地上に天降り、アタツヒメと結婚して子が誕生したことによって、南九州でのイデオロギー世界における地域的基盤形成は一応落着した。ところが、阿多の地域は海との結びつきが深く、七世紀後半の中央政権のもう一つの領域化構想として浮上していた南島とつながり、共通した海洋信仰圏であることに政権は気づきはじめていた。そこで、さらに添加され造作されたのが、海幸・山幸神話の導入である。

この神話の類話は、太平洋とその周辺部に広く分布し、一部は内陸部にまでみられることをフロベニウス（ドイツの民族学者）が指摘しているので、その原図を引用してみた（大林太良著『神話の話』より）。この分布の一端が南九州におよび、ハヤトの神話として定着していたようである。

地上・海洋の制覇

この神話で海幸彦を阿多君の祖ホデリとしたことは、阿多ハヤトが海洋的性格をもつことからふさわしい。しかし、山幸彦を皇室の祖ヒコホホデミになぞらえたのは造作であろう。といってもそれは単純ではない。天孫ニニギと結婚したアタツヒメはオオヤマツミの娘ということになっていた。オオヤマツミとは山の神の意であり、その孫でもあるヒコホホデミが山幸彦になる設定は、周到に準備されていたのである。

さて、海幸・山幸神話はよく知られた物語である。兄の海幸彦は海で魚をとり、弟の山幸彦は山で狩りをして暮らしていたが、あるとき弟が自分の弓矢と兄の釣具の交換をしつこく迫った。兄はついに釣具を貸したが、弟は兄が大切にしていた釣針を失くしてしまった。兄は弟を責め、弟が償いのために五百本、千本の釣針を作って返そうとしても、あくまでも、もとの釣針一本を返せという。

そこで弟は、その釣針を探しに海神ワタツミの宮殿をたずねる。そこで山幸彦はワタツミの娘トヨタマヒメと結ばれる。ワタツミは鯛ののどにひっかかっていた釣針をはずして山幸彦にあたえるが、そのときにワタツミの呪力を象徴する潮満珠《しおみつたま》・潮干珠《しおふる》も授けている。この潮の干満を自由にできる二珠をあやつって山幸彦は兄の海幸彦を屈服させることになる。

山幸彦が海神ワタツミの呪力を入手したことは、オオヤマツミの支配していた地上の制覇につづいて、海洋をも制したことになり、天・地・海を支配することを意味していよう。このような神話の展開のなかで、阿多ハヤトは服属させられたのであった。

ハヤトのワザオギの服属儀礼化

阿多ハヤトは服属の意をくり返し示すために、以後は俳優者《わざおぎひと》となって皇室に仕え、守護人ともなった、と神話は伝えているが、その俳優者は、現実の世界ではハヤトの風俗歌舞の演者となって、朝貢でも諸儀式でも奏上されている。それは、ハヤトの服属儀礼にほかならない。

ところで、ハヤトのワザオギ・風俗歌舞とは、本来どのようなものであろうか。それぞれの集団、共同体に伝承されている芸能は、本来的にそこに祭られている神に奉納されるもので、きわめて宗教的なものである。ハヤトの場合も歌舞は基本的に同じ性格をもつと理解してよいであろう。とりわけワザオギとは神招《お》ぎであり、祭りの場に神を迎えるための所作を主体とした芸能であろう。

そのワザオギを朝貢・儀式の場で天皇の前で服属儀礼として奏上することは、ハヤトにとっては宗教的服属をも意味している。朝廷でこのような服属儀礼を行なった例に大嘗祭での吉野国栖《くず》がある。ほかには、諸県舞《もろかた》（日向）・筑紫舞（北部九州）もそれに類するものとみられる。しかし、それらの芸能についてはハヤトの風俗歌舞ほどには明らかでない。

三　ウガヤフキアエズ　三山陵

鵜の羽根で葺いた産屋

その後の日向神話の展開をさらに追ってみたい。山幸彦と結婚した海神の娘トヨタマヒメは、夫のあとをしたって地上の世界にやってきて、妊娠していることを告げた。そこで海辺に鵜《う》の羽根で葺《ふ》いた産屋《うぶや》を建てることになったが、いまだ葺き終わらぬうちに陣痛が激しくて耐えられなくなり、産屋に入った。

そのとき夫につぎのようにいった。「すべて佗国《あだしくに》（異国）の人は、本来の姿になって子を産みます。その姿を見ないでください」と。ところが、夫はそれをひそかにのぞき見た。そこには、八尋《やひろ》もある大ワニ（鮫）がうねりくねっていた。驚き、恐れをなした夫は逃げ出した。

トヨタマヒメは夫に姿を見られたことを知って恥ずかしく思い、子を残したまま海の世界との境をふさいで、もとの海へ帰ってしまった。その子を名づけてウガヤフキアエズという。

日向神話のこの部分には、南島習俗との関連でいくつかの興味ある問題がある。まず、産屋をなぜ鵜の羽根で葺いたのであろうか。また、なぜ葺き終わらないことになってしまったのであろうか。

沖縄には少し前まで、産婦が鵜の羽根をもっていると安産できるという俗信があったという。また、沖縄・奄美大島では妊婦のいるときは屋根を葺き替えてはならない、といい伝えられていたという。どうしても葺き替えねばならぬときは、一部の工事は残しておくことになっていたともいう。

このような俗信を聞くと、日向神話は部分的に南島習俗と二重映しになってくる。それにしても、ウガヤフキアエズという名は鵜の羽根の屋根が葺き終わらぬ意で即物的であり、これまでに出てきたニニギ・ホデリ・ヒコホホデミなどの名とはかなり異質である。

ところで、海の世界にもどったトヨタマヒメは、妹のタマヨリヒメを地上につかわし、ウガヤフキアエズを養育させている。さらには、ウガヤフキアエズは、自分を育ててくれたタマヨリヒメと結婚し、四子をもうけている。その末子として生まれたのがカムヤマトイワレヒコ、すなわち第一代の神武天皇となる人物である。

叔母と甥《おい》の結婚、あるいは叔父と姪《めい》の結婚は、古代ではそれほどめずらしいことではなく、天武天皇の皇后・妃には、兄天智天皇の娘である持統（皇后）・大田・大江・新田部など四皇女の名が見える。一夫多妻のもとでは、叔父・姪の間の結婚、あるいは姉妹が同じ男性と結ばれる実例が現実にあったのである。

海幸・山幸神話の挿入

イワレヒコの誕生は日向神話の終末であり、神話の時代（神代）もここで終わって、以後は天皇の

写真20　京都市にある文徳天皇田邑陵（山下弘勝氏提供）

時代（皇代）に入る。その結節点にウガヤフキアエズは位置するのであるが、『日本書紀』によると、その結び目に綻《ほころ》びが見える。というのは、イワレヒコの名が一書の三ヵ所にわたってイワレヒコホホデミと出てくることである。

すなわち、カムヤマトイワレヒコとヒコホホデミは同一であった可能性があるからである。同一だとすると、どういうことになろうか。それは、天孫ニニギが地上に降臨し、地上を支配していたオオヤマツミの娘コノハナサクヤヒメ（アタツヒメはその別名）と結婚し、その間に生まれたヒコホホデミが天・地を統合した支配者として初代の神武天皇になる、という原話が存在したことを示唆していよう。イワレヒコホホデミは、その原初の名であったが、その名を二つに分けて、その間に海幸・山幸以下の海洋世界の物語が挿入されたことに原因がある、とみることができる。

それはなぜか。そこには、『古事記』『日本書紀』の編纂進行期、すなわち天武朝以降の南九州、そして南島の領域化という政権の政治的関心・意図が神話に反映している、と私はみている。

神代三山陵の実在

日向神話に登場するニニギ・ヒコホホデミ・ウガヤフキアエズの神代三代の陵墓が、いま鹿児島県内に存在し、宮内庁が管轄している。ここでは、神話が現実に伝存しているのである。

『古事記』には、ヒコホホデミの陵墓についてのみ「高千穂山之西」と記すが、ほかの二代についての記録はない。いっぽう『日本書紀』には、ニニギは「筑紫日向可愛《えの》之山陵」、ヒコホホデミは「日向高屋《たかや》山上陵」、ウガヤフキアエズは「日向吾平《あひら》山上陵」と、三山陵の名称はあっても、日向のどこにあるのかは明らかでない。

さらに、『延喜式』にも記事はあるが、『日本書紀』以上の具体的場所は示していない。ただし、三山陵を記したあとに、つぎのようにある。

以上の神代三陵、山城國葛野《かどの》郡田邑《たむら》陵の南原で之を祭る。其の兆域東西一町。南北一町。

その田邑陵とは文徳《もんとく》天皇（八五〇〜五八年在位）の陵墓である。なぜ、文徳天皇の陵墓の一角で神代三陵の祭事が行なわれるようになったのか、その委細は明らかでない。

ところが、三山陵の具体的場所を示さない古代史書類の記述がもとで、日向のどこかをめぐって、

写真21　鹿児島県にある神代三山陵の一つ吾平山上陵（旧肝属郡吾平町）

現在の鹿児島・宮崎両県下に多くの伝承地が存在することになった。とりわけ、幕末以後は尊王攘夷や天皇制復活の動きともあいまって、その場所比定の論争は激化した。

それに一つの結着をつけたのは、明治七年（一八七四）七月一〇日の「御裁可」で、太政官符をもってつぎのように治定された。

可愛之山陵＝鹿児島県薩摩郡宮内村（現、薩摩川内市）

高屋山上陵＝同県始良郡溝辺《みぞべ》村（現、霧島市溝辺町）
吾平山上陵＝同県肝属郡始良村（現、鹿屋市吾平《あいら》町）

この治定には、維新政府の要職を占めていた、旧薩摩藩出身者の発言が重きをなしていたことは容易に想像されよう。その点では、まさに政治力による「治定」であった。

宮崎県の住民・出身者には、この決定に対する不満が、いまもくすぶっているようである。神話は過去のものではなく、三山陵として現代にまでも生きつづけているのである。

あとがき

ハヤトについての研究に、本格的に取り組んだのは本居宣長の『古事記伝』が早い時期の例であろう。その成立は寛政一〇年（一七九八）であったから、ハヤト研究史はほぼ二〇〇年の積み重ねがある。

宣長は、その『古事記伝』のなかで、「隼人は、波夜毘登《ハヤビト》と訓《よむ》べし」「隼人と云者は、今の大隅薩摩二國の人にて、（中略）隼ノ字を書クことは、迅速《はや》きこと、此ノ鳥の如く、又波夜夫佐《はやぶさ》てふ名も合へればなり」と述べて、それなりの解釈を示している。

その後の研究者は多かれ少なかれ、この宣長の研究の影響を受けてきている。しかし、宣長自身が南九州の地に足を踏み入れたことはなかったし、以後の研究者も現地に臨んで考察を深めた人は少なかった。まして、文献記録と相まって考古学的考察を加えることはほとんどなく、わずかに喜田貞吉が考古学的配慮をしていたことは例外的存在であったといえよう。

いっぽう、考古学もいまだその期待に応えるほどには進展していなかった。太平洋戦争後の考古学の新しい展開とその成果には目を見はるものがある。それでも、ハヤトと直接結びつくような分野で成果をあげるようになったのは、一九六〇年代ころからであろう。

このような気運の盛りあがりのなかで、先学の諸研究に導かれながら、筆者も遅々とした歩みをつづけてきた。その結果、ハヤト（隼人）を書名に冠する拙著が、いつの間にか十指を折るほどになってきた。その間には研究の曲折・進展ということが、もちろんあってのことである。しかし、そればかりではない。ハヤトは多面的・複眼的視角でとらえないと、その原像が見えてこなかった、という研究上の模索がつづいたからであった。

したがって、私の専攻してきた文献史学の方法ばかりでなく、考古学・民俗学・民族学、さらには神話学・宗教学・地質学・火山学など、いずれも皮相的ではあるが、広く関心をもつ必要に迫られた。また、地域の古代史という、一見して限定された分野ではあるが、それを東アジア史のなかで、日本列島史のなかで、どのように位置づけるかという視座をもって対象化することに、心がけてきたつもりでもある。

本書は、私のそのような研究を新書の形にまとめたものである。小冊子ではあるが、これまでの研究を集約して、おこがましいことではあるが、その精髄ともいえる内容になるように書き下ろした。なるべく平易に、簡潔に要約しつつも、これまでの拙著には収載できなかった、ごく最近の研究成果やその動向を盛り込むことにも努めた。その点では二一世紀初頭までのハヤト研究の集約でもある。

学生時代・研究生活を通じて学恩を賜った諸先生方、研究者仲間諸氏に、さらには、本書の写真・

図版にご協力いただいた諸機関や個人の方がたに、あらためて心より感謝するとともに、本書執筆をお勧めいただいた平凡社新書編集部の土居秀夫氏のご厚意に、お礼申し上げたい。

二〇〇一年一一月一〇日

中村明蔵

重版にあたって

初版以後の研究・調査の進展によって追記すべき必要が生じた箇所に筆を加えた。

また、市町村合併により地名に変更があったが、例えば国分市が霧島市になるなど。遺跡地を示す表記としては拡散して適切とはいえない場合が多い。したがって、あえて旧市町名で通した。ご了承いただきたい。

二〇〇九年三月一日

参考文献

文中のそれぞれの箇所に記したもののほか、つぎの諸氏の著作を参考にさせていただいた。

林屋辰三郎『中世芸能史の研究』（岩波書店、一九六〇年）
小林行雄『続古代の技術』（塙書房、一九六四年）
直木孝次郎『日本古代兵制史の研究』（吉川弘文館、一九六八年）
井上辰雄『隼人と大和政権』（学生社、一九七四年）
宮崎県『宮崎県史』通史編（古代2）（一九九八年）
上田正昭『上田正昭著作集』3・4・5巻（角川書店、一九九八〜九九年）
山里純一『古代日本と南島の交流』（吉川弘文館、一九九九年）
永山修一『隼人と古代日本』（同成社、二〇〇九年）
原口耕一郎『隼人と日本書紀』（同成社、二〇一八年）
中村明蔵『熊襲と隼人』（評論社、一九七三年）
同　『隼人の研究』（学生社、一九七七年）

同　『隼人の楯』（学生社、一九七八年）
同　『熊襲・隼人の社会史研究』（名著出版、一九八六年）
同　『南九州古代ロマン――ハヤトの原像』（丸山学芸図書、一九九一年）
同　『隼人と律令国家』（名著出版、一九九三年）
同　『新訂　隼人の研究』（丸山学芸図書、一九九三年）
同　『クマソの虚構と実像』（丸山学芸図書、一九九五年）
同　『ハヤト・南島共和国』（春苑堂出版、一九九六年）
同　『古代隼人社会の構造と展開』（岩田書院、一九九八年）
同　『神になった隼人――日向神話の誕生と再生』（南日本新聞社、二〇〇〇年）
同　『隼人の実像』（南方新社、二〇一四年）

隼人関係史年表

西暦	和暦	記事
二四七		邪馬台国の卑弥呼、狗奴国との交戦を帯方郡に報告する（狗奴をクマソとする説あり）。
		（景行天皇、日本武尊、神功皇后などがクマソを征討したとの記・紀の伝承あり）
?		瑞歯別《みつはわけ》皇子（のちの反正）が隼人の近習（記―曾婆訶理《そばかり》、紀―刺領巾《さしひれ》）をつかって住吉仲皇子を殺させる。
四七八		倭王武（雄略）、宋の順帝への上表文で、「（祖禰が）東は毛人を征すること五五国、西は衆夷を服すること六六国」などと伝える。
?		雄略天皇の葬送に際して、隼人が昼夜陵の側で哀号。
（四〇〇年代末）		清寧天皇四年に、蝦夷・隼人ともに「内附」。
五三八		（仏教伝来）
五四〇		蝦夷・隼人ともに衆を率いて「帰附」。
五八五		敏達天皇の殯宮《もがりのみや》を隼人が警護する。
六一六	推古24	この年掖玖《やく》人来朝の記事散見（六二〇、六三一年にも）。
六二九	舒明元	田部連《たべのむらじ》を掖玖に遣わす。
六四五	大化元	（大化改新、乙巳の変）
六七七	天武6	多禰《たね》島人等を飛鳥寺の西で饗す。
六七九	天武8	多禰島に倭馬飼部《やまとのうまかいべ》造連等を遣わす。

西暦	和暦	記事
六八一	天武10	多禰島から使者帰朝し、国図を貢し、距離、風俗・産物などを報告する。
六八二	天武11	○隼人が朝貢し、大隅・阿多の両隼人が朝庭で相撲をとり、大隅隼人が勝つ。 ○多禰人・掖玖人・阿麻弥《あまみ》人に禄を賜う。
六八五	天武14	○隼人等を飛鳥寺の西で饗し、人びとが隼人を見物する。 畿内移住の大隅直に忌寸《いみき》の姓《かばね》を賜う。
六八七	持統元	天武天皇の殯宮で、大隅・阿多両隼人の魁帥《ひとごのかみ》が各衆を率い誄《しのびごと》を進め、魁帥等三三七人に賞を賜う。
六八九	持統3	筑紫大宰粟田真人《あわたのまひと》朝臣等、隼人一七四人・布五〇常・牛皮六枚・鹿皮五〇枚を献上する。
六九二	持統6	筑紫大宰に詔して僧侶を大隅・阿多に遣わし、仏教を伝えさせる。
六九四	持統8	（藤原京に遷都）
六九五	持統9	大隅隼人を饗す。飛鳥寺の西で隼人の相撲を見る。
六九八	文武2	文忌寸博士《ふみのいみきはかせ》・刑部真木《おさかべのまき》等八人に武器を与え、覓国使《べつこくし》として南島に派遣する。この年、日向国初見。
六九九	文武3	○多褹《たね》・夜久《やく》・菴美《あまみ》・度感《とかむ》等の人朝貢す。 ○大宰府に三野（日向国児湯《こゆ》郡三納郷か）・稲積（大隅国桑原郡稲積郷か）の二城を修築させる。
七〇〇	文武4	○覓国使南島より帰朝す。 薩末比売《さつまのひめ》・久米《くめ》・波豆《はづ》、衣評督衣君県《えのこほりのかみえのきみのあがた》・助督《すけ》衣君弖自美《てじみ》、肝衝《きもつき》難波が肥人《ひひと》等を

		従えて覓国使をおびやかしたので、筑紫惣領に命じて罰する。
七〇一	大宝元	（大宝律令完成）
七〇二	大宝2	○薩摩・多褹が命令にさからったので兵を送って征討し、戸口を調べ役人（国司）を配置す。薩摩国（前身）・多褹嶋成立。 ○薩摩隼人を征討した軍士に勲位を授ける。 ○薩摩隼人征討に際して祈禱した大宰府管下の神九処に奉幣する。 ○唱更国《しょうこうこく》（薩摩国の前身）の国司が国内の要害の地に柵を建て兵士と武器を置くことを申し出たので許可する。
七〇七	慶雲4	大宰府で南島人に位を授け、物を賜う。
七〇九	和銅2	薩摩隼人の郡司以下一八八人朝貢する。諸国の騎兵五〇〇人を徴集して威儀を整える。
七一〇	和銅3	○隼人・蝦夷が正月の朝賀の式に参列す（後日、授位・賜禄がある）。 ○日向国は采女《うねめ》を、薩摩国は舎人《とねり》を貢上する。 （平城京に遷都）
七一三	和銅6	○日向国の肝坏《きもつき》・贈於・大隅・姶羅《あひら》の四郡をさいて大隅国を設置する。 ○隼賊を討った将軍ならびに士卒のうち、軍功のあった一二八〇余人に勲位を授ける。
七一四	和銅7	○豊前国の民二〇〇戸を移住させて隼人を勧導させる。 ○多褹嶋に印一面を賜う。 ○太《おお》朝臣遠建治《おけじ》等、奄美・信覚《しがく》・球美《くみ》等島人五二人を率いて帰朝する。
七一五	霊亀元	南島人・蝦夷が朝賀の式に参列す（その後、南島人七七人に授位）。

西暦	和暦	記事
七一六	霊亀2	大宰府が隼人の朝貢が道路遥隔・父母老疾・妻子単貧などで苦労が多いことを申しでたので、朝貢を六年相替と定める。
七一七	養老元	大隅・薩摩の隼人が風俗の歌舞を奏す。位を授け、禄を賜う。
七二〇	養老4	○隼人が大隅国守陽侯史麻呂《やこのふひとまろ》を殺害する。隼人の大抗戦始まる。 ○大伴旅人《おおとものたびと》を征隼人持節大将軍、ほか二名を副将軍に任命し、征討に向う。
七二一	養老5	○南島人二三二人に授位。 ○副将軍ら帰還す。隼人の斬首獲虜合計一四〇〇余人。 ○薩摩国、人まれなる地多し、便宜をはかりて併合する。
七二二	養老6	○蝦夷・隼人征討の将軍以下に勲位を授ける。 ○大隅・薩摩・多褹・壱岐・対馬等の国司の欠員は、大宰府の官人を権《かり》に補任することを定める。
七二三	養老7	○日向・大隅・薩摩三国の士卒、隼賊征討の軍役のため困窮す。三ヵ年の貢納を免除す。 ○大隅・薩摩三国の隼人ら六二四人朝貢し、風俗の歌舞を奏す。酋帥三四人に授位、禄を賜う。
七二七	神亀4	南島人一三二人来朝。叙位（南島人の来朝、以後見えず）。
七二九	天平元	○薩摩隼人、調物を貢し、風俗の歌舞を奏す。 ○大隅隼人、調物を貢す。始孋《あひら》郡少領加志君和多利《かしのきみわたり》・佐須岐君夜麻等久々売《さすきのきみやまとくくめ》に外従五位下を授く。

七三〇	天平2	大隅・薩摩両国はいまだ班田を行わず、墾田のまま。班田収授に従うならば喧訴が多いと大宰府が報告したので、旧来の通りとする。
七三三	天平5	多褹嶋の郡司らに氏姓を賜う。
七三五	天平7	○大隅・薩摩二国の隼人二九六人調物を貢し、方楽を奏す。 ○二国の隼人三八二人に位を授け、禄を賜う。
七三六	天平8	この年の薩摩国の収支決算報告書「薩摩国正税帳」の断簡現存す（正倉院文書）。
七四〇	天平12	○藤原広嗣《ひろつぐ》の乱おこる。 ○大野東人《あずまひと》を大将軍に任命する。 ○広嗣みずから隼人軍を率いるが、隼人軍に混乱がおこり、広嗣軍敗走す。
七四二	天平14	大隅の国司の報告によると、空中に声がして大鼓の如く、地は大いに震動す。
七四三	天平15	隼人らを饗す。曾乃君多利志佐《そのきみたりしさ》・前君乎佐《さきのきみおさ》・佐須岐君夜麻等久々売らに叙位。
七四五	天平17	大隅・薩摩両国の公廨《くげ》（公費の一部）は四万束とす。他の中国は廿万束。
七四九	天平勝宝元	○大隅・薩摩両国の隼人ら、調を貢し、土風の歌舞を奏す。 ○曾乃君多利志佐・前君乎佐・曾県主岐直志自羽志《そのあがたぬしきのあたいしじうし》・加禰保佐《かねほさ》に叙位。
七五五	天平勝宝7	大隅国菱苅村の浮浪九三〇余人、郡家を建てることを許さる（菱刈郡の新設）。
七六〇	天平宝字4	○多治比木人《たじひのきひと》を薩摩守とする。 ○大隅・薩摩・壱岐・対馬・多褹等の官人（国司ら）に大宰府の管理する諸国の地子を与える。
七六三	天平宝字7	中臣伊加麻呂《いかまろ》を大隅守に左遷する。
七六四	天平宝字8	○大隅・薩摩両国の隼人相替す。前公乎佐・薩摩公鷹白《さつまのきみたかしろ》・薩摩公宇志《うし》に位を授く。 ○大伴家持《やかもち》を薩摩守とする。

西暦	和暦	記事
七六五	天平神護元	○多褹嶋が飢饉、ほどこしをする。○大隅と薩摩の境に煙雲・雷電が続き、麑嶋信爾《しなに》村の海に沙石が集まり、三島と成る。民家六二区、八〇余人埋没（文献で「麑嶋」初見）。紀広純《ひろずみ》を薩摩守に左遷す。
七六六	天平神護2	○日向・大隅・薩摩三国に大風が吹き、桑・麻に損害を出す。詔して柵戸《きのへ》の調庸を免除す。
七六七	神護景雲元	○大隅国神造新島、震動が止まず。民多く流亡する。隼人司の隼人一一六人に位の有無を論ぜず一級ずつ位を賜う。
七六九	神護景雲3	○和気《わけ》清麻呂を大隅に配流す。○大隅・薩摩の隼人、俗伎を奏す。○薩摩公鷹白・加志公嶋麻呂・甑隼人麻比古《まひこ》・薩摩公久奈都《くなつ》・曽公足麻呂《たる》・大住《おおすみの》直倭《あたいやまと》・大住忌寸三行《いみきみゆき》らに位を授く。
七七一	宝亀2	○隼人の帯剣を停止する。
七七二	宝亀3	○日向・大隅・薩摩・多褹等の博士と医師の終身不替を八年遷替とする。中臣習宜阿曽麻呂《すげのあそまろ》を大隅守とする。
七七五	宝亀6	○大住忌寸三行を隼人正《かみ》とする。○日向・薩摩両国風雨のため、桑・麻に被害がでる。調庸を免除。
七七六	宝亀7	○大隅・薩摩の隼人、俗伎を奏す。○大住忌寸三行・大住直倭・薩摩公豊継《とよつぐ》らに位を授ける。

七七八	宝亀9	○遣唐使船、甑嶋郡・出水郡などに漂着する。
		○神護年間に大隅国の海中に出現した神造島の名を大穴持《おおなもち》神といい、官社とする。
七八三	延暦2	大隅・薩摩の隼人等を朝堂に饗す。天皇が出御、進階・賜物が行わる。
七八四	延暦3	(長岡京に遷都)
七八五	延暦4	日向国の百姓、課役を忌避し、大隅・薩摩両国に逃げ入る。
七八八	延暦7	大隅国贈於郡の曾乃峯（霧島山）の上に火炎立ちのぼり、沙石を降らす。
七九二	延暦11	近年、隼人の調の貢納がとどこおるので、貢納の徹底を命ずる。
七九三	延暦12	隼人を率いて入朝した大隅国曾於郡の大領曾乃君牛養《うしかい》に位を授ける。
七九四	延暦13	(平安京に遷都)
八〇〇	延暦19	大隅・薩摩両国の百姓の墾田を収公して口分を授ける（班田制の採用）。
八〇一	延暦20	隼人の朝貢を停止する。
八〇四	延暦23	大隅国桑原郡蒲生駅と薩摩国薩摩郡田尻駅の間が遠いので、薩摩郡櫟野《いちひの》村に新しく駅を設置する。
八〇五	延暦24	大替隼人の風俗の歌舞を永く停止する。
八〇六	大同元	大宰府の管内諸国に洪水・旱ばつ・疾疫が相次いだため、大隅・薩摩等の田租を一ヵ年免除する。
八〇八	大同3	定額隼人に欠員が生じた場合は畿内の隼人で補充させる。
八一〇	弘仁元	○藤原安継《やすつぐ》を薩摩権守《ごんのかみ》とする。
		○御《み》室是嗣《むろのこれつぐ》を大隅権守とする。
八一二	弘仁3	薩摩国に蝗《いなご》の害が生じたため逋負稲五千束を免除する。
八一三	弘仁4	○大隅・薩摩等五国に大風が吹いたため租調を免除する。

西暦	和暦	記事
八一五	弘仁6	○大隅・薩摩二国、蝗害により未納税を免除する。○薩摩国蝗害のため田租調庸を免除する。○大宰府管内諸国、年々凶作のため三ヵ年の田租を免除する。
八一九	弘仁10	薩摩国蝗害のため田租を免除する。
八二四	天長元	多褹嶋司をやめて大隅国に隷属させる（多褹嶋、大隅国に併合）。
八三六	承和3	山城国人右大衣《おおきぬ》阿多隼人逆足《さかたり》に阿多忌寸を賜姓。
八六〇	貞観2	大隅国の吉多・野神二牧を廃止する。馬が多く蕃息し、百姓の作業を害したことによる。
八七四	貞観16	開聞岳噴火。指宿橋牟礼《はしむれ》川遺跡被災（八八五年にも噴火）。

補　論

(1)　大隅隼人についての新資料

隼人についての記述のなかで、その性格が複雑で単純には把握しがたいのは大隅隼人であった。大隅隼人の有力首長層の動向は、大隅直と曽（贈於）君のそれに大別できる。前者は志布志湾沿岸部を拠点にし、後者は霧島山周辺部に盤踞していた。前者の地域には高塚古墳をはじめ、在地性の強い地下式横穴墓が分布するが、後者の地域には高塚古墳は皆無であり、在地性の地下式板石積石室墓がわずかに見出される。

このような墓制の差異からみると、前者と後者はその系譜を別にしているとみられる。後者すなわち曽君は記紀に説話的に語られているクマソに連なる反王権の中心的一族であろう。そのクマソについては、すでに述べたので、この補稿では、前者すなわち大隅直を中心として、最近の考古学的成果を勘案した私論の一端を述べてみたい。

大隅直は、近習隼人として王権に従属して仕えたことが、同じく説話的に語られていることを本編で述べた。この説話の一部は、おそらく史実にもとづくものとして取りあげたのであったが、その背景となる資料が近年になって出土し、その事実が裏付けられつつある。

その一つは、近習隼人を象《かたど》ったのではないかと想像させる人物埴輪（盾持人埴輪《たてもちひとはにわ》）が、志布志湾沿岸に近い鹿児島県大崎町の神領《じんりよう》古墳（10号墳）から出土した。当初は頭部だけであり、それだけでも武人像として注目されたが、後日になって胴部も出土し、全体像が明らかになった。発掘調査の中心であった鹿児島大学総合研究博物館の橋本達也さんによると、時期は五世紀前半とみられているので、大隅直が近習を出仕させた時期とほぼ符合している。

もう一例は、志布志市有明町《ありあけ》の原田地下式横穴墓から、短甲《たんこう》（鉄製の短い鎧《よろい》）が出土し、その性格から、王権より賜与された武具であり、近習隼人の装具にふさわしいと想像されるものである。また、時期も五世紀と推定されている。

(2) 阿多隼人の信仰について

阿多隼人の海神信仰については、日向神話で語られている。とりわけ、海幸彦と山幸彦の物語である。天孫ニニギノミコトと南九州の国神《くにつかみ》ヤマツミの娘アタツヒメの結婚によって、兄の海幸彦と弟の山幸彦が誕生している。

海幸彦は阿多君の祖であり、山幸彦は天皇家の祖として物語は展開し、結末は海幸彦が山幸彦に服従する話である。要約すると、阿多隼人が天皇によって征討されたことになる。

この物語の展開のなかで、いまここで問題にしたいのは、阿多君あるいは阿多隼人が海幸彦に象徴されていることである。すなわち、阿多隼人の海神（ワタツミ）の信仰がその背景をなしており、それは異族の信仰であって、征服さるべき信仰として語られていることである。

そこで、海神信仰について、少し私論を述べておきたい。

海神信仰は、九州の南に点在する島々に現在も伝存するが、よく知られているのは奄美大島、龍郷《たつごう》町秋名《あきな》集落のヒラセマンカイ行事である。神女たち五人が旧暦八月の特定の日に海岸の大岩の上に立ち、海神を沖から招くしぐさをして、集落に福をもたらすように祈願する（一五四ページ写真）。

かつては、海辺の他の集落でも類似の習俗があったと聞くが、いまは跡絶えている。秋名のヒラセマンカイ行事は、午後に実施されているが、現地の古老の話だと以前は夕刻に行われており、日没と関係深い行事であったらしい。しかし、いまは見物客の便宜などをはかって、少し早目の足下の明るいうちに済むように変化しているとのことであった。

海神信仰を調べていると、しばしば聞かされることは、太陽の巡行との関連である。とりわけ、奄美・沖縄の島々では海のかなたにニライ・カナイという楽土があり、海神はそこから訪れてくるというが、その楽土は太陽の沈む先に存在するというのである。

この話を聞いていると、高千穂に降臨した天孫ニニギノミコトが南薩摩にやってくる『古事記』の一節が想起されてくる。つぎの一節である。

此地《ここ》は韓國《からくに》に向ひ、笠沙《かささ》の御前《みさき》を眞來《まき》通《とほ》りて、朝日の直刺《たださ》す國、夕日の日照る國なり。故《かれ》、此地は甚吉《いとよ》き地《ところ》。

といって、ミコトはこの地が大変気に入ったようで、この地に御殿を建てている。

この地が、朝日・夕日のさす地であったというのは、笠沙の岬が阿多隼人の海神信仰の聖地であったことを意味しており、この地を占有することが、降臨の当初の目的であったのである。

この海神信仰におけるニライ・カナイという楽土は、日本人の信仰の展開を考えるとき、けして特異なものではないであろう。

朝鮮半島からもたらされた仏教が、日本的に変容し深化する過程で、多くは山に沈む太陽の先の西方に、極楽浄土が存在すると信ずることから浄土教が生じ、発展して法然の浄土宗、さらに親鸞の浄土真宗へと深まり、いまの普遍的信仰に至るのであろう。

細部にわたる日本仏教史はひとまずおいて、浄土信仰を軸にすえると、このような巨視的推移が成り立つように思われる。

(3) つくり出された隼人像

南九州には古代の住民である「隼人」になぞらえて、「隼人」の語を用いた言葉が通用している。しかし、その多くは古代住民を十分に理解せぬまま用いているものである。そのいくつかを指摘しておきたい。

まず、現在もしばしば用いられる「薩摩隼人」の語がある。この語は、薩摩の武士をイメージしているようで、勇猛な男性に用いられる。したがって、「薩摩隼人」は男性への誉め言葉であり、そう呼ばれた男性は、その語を好意的に受けとめている。

しかしながら、古代住民の隼人は男・女の性別や年齢に関わりのない名称である。また、勇猛とか敏捷とかの気質も必要な条件ではない。古代隼人の時代には、武士は存在しなかった。強いていえば、古代隼人が反政権的な動向を見せることがあることから、それらを想定しているのであろうか。

それよりも、この語からは江戸時代を中心とした薩摩の武士のイメージとしてとらえる方が理解しやすいようである。

ところで、古代隼人と江戸時代の武士が、系譜的あるいは血統的につながるのであろうか。そこには歴史的に見てかなり無理がある。というのは、古代隼人は南九州の原住民ともいえる人びとであるが、武士層は島津氏をはじめ、渋谷氏など鎌倉時代以後に関東地方から南九州に入部して勢力を拡大していった系譜に属している。

ごく簡略的にその間の推移を見ると、古代隼人の系譜につながる人びとは、武士の入部によって被支配民とされ、武士層によって支配されたのであった。

それにもかかわらず、武士たちは「島津武士」とも、「薩摩武士」とも名のることを聞くことは少なく、「薩摩隼人」の呼称を好んでいたといわれている。そして、現在の南九州出身の男性にもその呼称は引き継がれ好まれている。

いま、鹿児島県内で最も広く読まれている新聞には、漫画で「薩摩剣士隼人」を連載し、子どもばかりでなく、大人にも人気がある。この漫画に登場する隼人は、私の想定する隼人像とはかけはなれており、ある会合で同紙の記者と同席した折に、冗談まじりにそのことを告げたことがあった。それからもう五年は経っているように思うが、いまだに続いている。ここでも隼人は多くの人に好まれているようである。

つぎには、「隼人」の名称をもつ史跡をとりあげてみたい。

その代表格は、何といっても「隼人塚」であろう。現在、霧島市隼人町の日豊線隼人駅近くに所在するこの史跡は、大正十年（一九二一）に国の史跡に指定され、古代隼人の供養のために建てられたものとされている。

したがって、南九州の史跡探訪でこの史跡を目標に見学にやって来る人もよく見かける。その見学者のために、敷地内に史料館も設置されている。塚には石塔や人物石像が配置され、その人物石像が、かつての隼人の姿を表現したものとの説もある。

しかし、隼人塚についての詳細の調査や復元事業などが行われた結果を総合すると、この塚は平安時代の末期に築造されたもので、奈良時代の八世紀を主とする隼人の存在時期とは、時期的に懸隔のあることが明らかとなっている。

また、「隼人塚」の名称も明治三十六年（一九〇三）刊行の『国分の古蹟』が最古で、それ以前は「軍神塚」などと呼ばれていたことも明らかにされている。

ちなみに、江戸時代の『三国名勝図会《ずえ》』（天保十四年（一八四三）刊）には、現在の場所とは全然別の地に「隼人塚」が記されている。その地は同じ霧島市でも、旧国分市重久《しげひさ》の止上《とがみ》神社の近くにあり、絵図では一本の大木だけが目立ち、石塔・石像などはない。また、同書によるとその説明文はつぎのようである。

（止上神社の）西南、水田の中に、小き林叢森然たり、是を隼人塚と號す、隼人が首塚なりといふ。又此水田を眞板田《まないた》と呼ぶ、贄祭《にへ》とて今に傳はれり。（中略）往古隼人を誅戮せし遺事を以て、行なへる神事にて、隼人が靈祟を鎮むる爲なりとかや、是上古よりの祭式なりとぞ。

現在では、その大木や祭式もなく、跡地に石碑が建てられているのみである。

復刊に際して

学問研究はほぼ十年単位で改められることを筆者は体験させられた。本書の初版は二〇〇一年であった。その重版が出たのは二〇〇九年で、その際に補訂したのであった。

それからまた十年経った本年に復刊されることになり、また補論とともにかなり手を加えることになった。といっても、筆者の基本的思考にはほとんど変化はないが、文献の少ない古代史では考古学の新しい成果を参考にさせてもらったり、自然科学諸分野の新研究に傾聴すべきこともあり、思考を深められたりしてきた。

さらに本年は、かつて隼人が参列させられた朝廷の大儀である即位や大嘗会が行なわれるということである。

とりわけ、十一月に挙行される大嘗祭では、隼人はそれなりに重要な役割を果たしていた。その内容については本署二〇〇ページ他をご覧いただきたい。近時、隼人の末裔の方々を前にして話をするときには、筆者は真顔で「近いうちに、お呼びがかかりますよ」といって受けている。

なお、復刊に際しては、地名を現行のものに改めた。

最後になったが、今回復刊の機会を与えてくれた吉川弘文館にお礼を申し上げたい。

二〇一九年一月

中村明蔵

本書の原本は、二〇〇一年に平凡社より刊行されました。

著者略歴

一九三五年　福岡県北九州市に生まれる
一九六二年　立命館大学大学院日本史学専攻修士課程修了
ラ・サール高校教諭、鹿児島女子短期大学教授、鹿児島国際大学教授を経て
現　在　鹿児島国際大学生涯教育講座講師　文学博士

〔主要著書〕
『隼人の研究』（学生社、一九七七年、丸山学芸図書、一九九三年）、『古代隼人社会の構造と展開』（岩田書院、一九九八年）、『隼人の実像』（南方新社、二〇一四年）他

読みなおす日本史

隼人の古代史

二〇一九年（平成三十一）四月一日　第一刷発行

著　者　中《なか》村《むら》明《あき》蔵《ぞう》
発行者　吉川道郎
発行所　株式会社 吉川弘文館
郵便番号一一三—〇〇三三
東京都文京区本郷七丁目二番八号
電話〇三—三八一三—九一五一〈代表〉
振替口座〇〇一〇〇—五—二四四
http://www.yoshikawa-k.co.jp/
組版＝株式会社キャップス
印刷＝藤原印刷株式会社
製本＝ナショナル製本協同組合
装幀＝渡邉雄哉

ISBN978-4-642-07103-1

読みなおす
日本史

刊行のことば

現代社会では、膨大な数の新刊図書が日々書店に並んでいます。昨今の電子書籍を含めますと、一人の読者が書名すら目にすることができないほどとなっています。ましてや、数年以前に刊行された本は書店の店頭に並ぶことも少なく、良書でありながらめぐり会うことのできない例は、日常的なことになっています。

人文書、とりわけ小社が専門とする歴史書におきましても、広く学界共通の財産として参照されるべきものとなっているにもかかわらず、その多くが現在では市場に出回らず入手、講読に時間と手間がかかるようになってしまっています。歴史の面白さを伝える図書を、読者の手元に届けることができないことは、歴史書出版の一翼を担う小社としても遺憾とするところです。

そこで、良書の発掘を通して、読者と図書をめぐる豊かな関係に寄与すべく、シリーズ「読みなおす日本史」を刊行いたします。本シリーズは、既刊の日本史関係書のなかから、研究の進展に今も寄与し続けているとともに、現在も広く読者に訴える力を有している良書を精選し順次定期的に刊行するものです。これらの知の文化遺産が、ゆるぎない視点からことの本質を説き続ける、確かな水先案内として迎えられることを切に願ってやみません。

二〇一二年四月

吉川弘文館

読みなおす日本史

地理から見た信長・秀吉・家康の戦略　足利健亮著　二二〇〇円

神々の系譜　日本神話の謎　松前　健著　二四〇〇円

古代日本と北の海みち　新野直吉著　二二〇〇円

白鳥になった皇子　古事記　直木孝次郎著　二二〇〇円

島国の原像　水野正好著　二四〇〇円

入道殿下の物語　大鏡　益田　宗著　二二〇〇円

中世京都と祇園祭　疫病と都市の生活　脇田晴子著　二二〇〇円

吉野の霧　太平記　桜井好朗著　二二〇〇円

日本海海戦の真実　野村　實著　二二〇〇円

古代の恋愛生活　万葉集の恋歌を読む　古橋信孝著　二四〇〇円

木曽義仲　下出積與著　二二〇〇円

足利義政と東山文化　河合正治著　二二〇〇円

僧兵盛衰記　渡辺守順著　二二〇〇円

朝倉氏と戦国村一乗谷　松原信之著　二二〇〇円

本居宣長　近世国学の成立　芳賀　登著　二二〇〇円

江戸の蔵書家たち　岡村敬二著　二四〇〇円

古地図からみた古代日本　土地制度と景観　金田章裕著　二二〇〇円

「うつわ」を食らう　日本人と食事の文化　神崎宣武著　二二〇〇円

角倉素庵　林屋辰三郎著　二二〇〇円

江戸の親子　父親が子どもを育てた時代　太田素子著　二二〇〇円

埋もれた江戸　東大の地下の大名屋敷　藤本　強著　二五〇〇円

真田松代藩の財政改革　『日暮硯』と恩田杢　笠谷和比古著　二二〇〇円

読みなおす
日本史

日本の奇僧・快僧　今井雅晴著　二二〇〇円

平家物語の女たち　大力・尼・白拍子　細川涼一著　二二〇〇円

戦争と放送　竹山昭子著　二四〇〇円

「通商国家」日本の情報戦略　領事報告を読む　角山　榮著　二二〇〇円

日本の参謀本部　大江志乃夫著　二二〇〇円

宝塚戦略　小林一三の生活文化論　津金澤聰廣著　二二〇〇円

観音・地蔵・不動　速水　侑著　二二〇〇円

飢餓と戦争の戦国を行く　藤木久志著　二二〇〇円

陸奥伊達一族　高橋富雄著　二二〇〇円

日本人の名前の歴史　奥富敬之著　二四〇〇円

お家相続　大名家の苦闘　大森映子著　二二〇〇円

はんこと日本人　門田誠一著　二二〇〇円

城と城下　近江戦国誌　小島道裕著　二四〇〇円

江戸城御庭番　徳川将軍の耳と目　深井雅海著　二二〇〇円

戦国時代の終焉　「北条の夢」と秀吉の天下統一　齋藤慎一著　二二〇〇円

中世の東海道をゆく　京から鎌倉へ、旅路の風景　榎原雅治著　二二〇〇円

日本人のひるめし　酒井伸雄著　二二〇〇円

隼人の古代史　中村明蔵著　二二〇〇円

飢えと食の日本史　菊池勇夫著　（続　刊）

蝦夷の古代史　工藤雅樹著　（続　刊）

日本における書籍蒐蔵の歴史　川瀬一馬著　（続　刊）

吉川弘文館
（価格は税別）